Daniel Krasa

CITY|TRIP
WIEN

NICHT VERPASSEN!

2 GRABEN [G6]
Nirgends lässt sich das Flair Wiens so gut „aufsaugen" wie bei einem Spaziergang durch das Herz der Innenstadt. Der Graben spiegelt mit seinen herrschaftlichen Gebäuden die Eleganz vergangener Epochen wider (s. S. 62).

3 KÄRNTNER STRASSE [G6]
Ob zum Bummeln, Shoppen oder Flanieren, die verkehrsberuhigte Hauptgeschäftsstraße der Stadt – die Kärntner Straße – ist immer einen Besuch wert (s. S. 63).

17 KUNSTHISTORISCHES MUSEUM [F7]
Als eines der bedeutendsten Kunstmuseen seiner Art beherbergt dieses wunderschöne, im Stil der italienischen Renaissance erbaute Gebäude die Kunstschätze der Habsburger (s. S. 81).

24 PRATER [I5]
Wer genug vom Innenstadttrubel hat, kann auf den 6 km² dieses Parkareals sowohl Abwechslung im weltbekannten Vergnügungspark als auch besinnliche Ruhe inmitten der Praterauen finden (s. S. 88).

27 SCHLOSS BELVEDERE [H8]
Das Schloss Belvedere ist ein Musterstück des Barock und liegt dazu zentrumsnah. Neben der äußerst eindrucksvollen Gemäldesammlung mit Werken österreichischer Künstler des Fin de Siècle und des Jugendstils ist auch der pompös angelegte Schlosspark mit Blick über die Stadt äußerst sehenswert (s. S. 92).

28 NASCHMARKT [F7]
Der größte und beliebteste Markt Wiens ist ein quirliges Sammelsurium exotischer und heimischer Spezialitäten. Es ist eine wahre Freude, dem Treiben der Verkäufer und Besucher zuzusehen (s. S. 94).

29 MARIAHILFER STRASSE [E7]
Die längste Einkaufsstraße der Stadt ist der perfekte Ort fürs Shoppen, Flanieren und Einkehren (s. S. 95).

31 MUSEUMSQUARTIER [F7]
Wenn barocke Hofstallungen durch moderne Anbauten zu einem der weltgrößten Museumskomplexe mit reichlich Freizeitangebot umgebaut werden, dann kommt solch ein faszinierendes Kulturareal dabei heraus (s. S. 96)!

34 TIERGARTEN SCHÖNBRUNN [A10]
Der älteste Zoo unseres Planeten ist keineswegs altmodisch, im Gegenteil! Dieser wunderschön in den Park des Schlosses Schönbrunn integrierte Tiergarten ist ein idealer Ausflugsort für Familien (s. S. 100).

Leichte Orientierung mit dem cleveren Nummernsystem
Die Sehenswürdigkeiten der Stadt sind zum schnellen Auffinden mit **fortlaufenden Nummern** versehen. Diese verweisen auf die ausführliche Beschreibung **im Kapitel „Wien entdecken"** und zeigen auch die genaue Lage **im Stadtplan.**

■ IMPRESSUM

Daniel Krasa
CityTrip Wien

erschienen im
REISE KNOW-HOW Verlag Peter Rump GmbH,
Osnabrücker Str. 79, 33649 Bielefeld

© Peter Rump 2009
**2., neu bearbeitete und komplett
aktualisierte Auflage 2011**

Alle Rechte vorbehalten.

ISBN 978-3-8317-2008-8
PRINTED IN GERMANY

Herausgeber und Gestaltungskonzept:
  Klaus Werner
Lektorat: amundo media GmbH
Layout: Günter Pawlak (Umschlag),
  Anna Medvedev (Inhalt)
Fotos: siehe Bildnachweis S. 6
Karten: Ingenieurbüro B. Spachmüller
Druck und Bindung:
  Fuldaer Verlagsanstalt GmbH & Co. KG

Dieses Buch ist erhältlich in jeder Buchhandlung Deutschlands, der Schweiz, Österreichs, Belgiens und der Niederlande. Bitte informieren Sie Ihren Buchhändler über folgende Bezugsadressen:
  Deutschland: Prolit GmbH, Postfach 9, D-35461 Fernwald (Annerod)
  sowie alle Barsortimente
  Schweiz: AVA-buch 2000, Postfach, CH-8910 Affoltern
  Österreich: Mohr Morawa Buchvertrieb GmbH, Sulzengasse 2, A-1230 Wien
  Niederlande, Belgien: Willems Adventure, www.willemsadventure.nl

Wer im Buchhandel trotzdem kein Glück hat, bekommt unsere Bücher auch über unseren Büchershop im Internet:
www.reise-know-how.de

CITY|TRIP
WIEN

001wi Abb.: mw

INHALT

EXKURSE ZWISCHENDURCH

BENUTZUNGSHINWEISE

CITYATLAS/CITY-FALTPLAN

Die im Buch beschriebenen Örtlichkeiten
wie Sehenswürdigkeiten, Restaurants,
Hotels, Cafés usw. sind im Cityatlas und
-Faltplan von Wien eingetragen.

Ortsmarken mit fortlaufender Nummer,
aber ohne Angabe des Planquadrats liegen außerhalb des im Buch abgebildeten Kartenmaterials. Sie können aber wie
alle im Buch beschriebenen Örtlichkeiten leicht in unseren speziell aufbereiteten
Internet-Karten lokalisiert werden (siehe
hintere Umschlagklappe).

.ORIENTIERUNGSSYSTEM

Zur schnelleren Orientierung tragen alle
Hauptsehenswürdigkeiten und Lokalitäten die gleiche Nummer sowohl im Text als
auch im Kartenmaterial:

㉑ Die Hauptsehenswürdigkeiten werden
im Abschnitt „Wien entdecken"
beschrieben und mit einer fortlaufenden
magentafarbenen Nummer gekennzeichnet, die auch im Kartenmaterial
eingetragen ist.

Stehen die Nummern im Fließtext,
verweisen sie auf die jeweilige Beschreibung der Sehenswürdigkeit im Kapitel
„Wien entdecken".

▲15 Mit Symbol und fortlaufender
Nummer werden die sonstigen Lokali-
täten wie Cafés, Geschäfte, Hotels,
Infostellen usw. gekennzeichnet.

[F6] Die Angabe in eckigen Klammern
verweist auf das Planquadrat im Kartenmaterial, in diesem Beispiel auf das
Planquadrat F6.

BEWERTUNG DER SEHENSWÜRDIGKEITEN

★ ★ ★ auf keinen Fall verpassen

★ ★ besonders sehenswert

★ wichtige Sehenswürdigkeit für
speziell interessierte Besucher

DER AUTOR

Daniel Krasa ist freiberuflicher Autor und Dokumentarfilmer. Er wurde 1976 in Wien geboren, verbrachte aber den Großteil seines Lebens weitab von Schnitzel und Grünem Veltliner. Trotz seiner langjährigen Aufenthalte in der Arabischen Welt, in Südamerika und v. a. in Indien und Südostasien hat er den Kontakt zu Wien nie verloren und es zieht ihn alljährlich mehrere Wochen zurück an die schöne blaue Donau. Nach dem Dokumentarfilm „Shalom Vienna" (2004) ist dieser Reiseführer sein zweites wienspezifisches Projekt.

Im REISE KNOW-HOW Verlag liegen von Daniel Krasa mehrere Bände in der Kauderwelsch-Reihe, der Reiseführer „Ibiza mit Formentera" (zusammen mit Hans-R. Grundmann) und der CityTrip Frankfurt vor.

Für die Unterstützung und Hilfe bei Erarbeitung dieses Buches dankt der Autor: August Krasa, Catherine Koch, Daniel Boigner, Erika Perzi, Erika Petrnousek, Ingeburg Amodé, Markus Wache, Marlene Kyrer, Michael Koch u. v. a.

Latest News

Unter **www.reise-know-how.de** werden regelmäßig aktuelle Ergänzungen und Änderungen der Autoren und Leser zum vorliegenden Buch bereitgestellt.
Sie sind auf der Produktseite dieses CityTrips abrufbar.

SCHREIBEN SIE UNS

Dieser CityTrip ist gespickt mit Adressen, Preisen, Tipps und Infos. Nur vor Ort kann überprüft werden, was noch stimmt, was sich verändert hat, ob Preise gestiegen oder gefallen sind, ob ein Hotel, ein Restaurant immer noch empfehlenswert ist oder nicht mehr usw. Unsere Autoren sind zwar stetig unterwegs und erstellen alle zwei Jahre eine komplette Aktualisierung, aber auf die Mithilfe von Reisenden können sie nicht verzichten.

Darum: Schreiben Sie uns, was sich geändert hat, was besser sein könnte, was gestrichen bzw. ergänzt werden soll. Wenn sich die Infos direkt auf das Buch beziehen, würde die Seitenangabe uns die Arbeit sehr erleichtern. Gut verwertbare Informationen belohnt der Verlag mit einem Sprechführer Ihrer Wahl aus der über 220 Bände umfassenden Reihe „Kauderwelsch".

Bitte schreiben Sie an:
REISE KNOW-HOW Verlag Peter Rump GmbH, Postfach 140666, D-33626 Bielefeld, oder per E-Mail an: info@reise-know-how.de

Danke!

BILDNACHWEIS

Die Kürzel an den Abbildungen stehen für folgende Fotografen, Firmen und Einrichtungen. Wir bedanken uns für die freundliche Abdruckgenehmigung.

Umschlag	Österreich Werbung/ Diejun
dk	Daniel Krasa (der Autor)
mw	Markus Wache

AUF INS VERGNÜGEN

WIEN AN EINEM WOCHENENDE

Viele der Sehenswürdigkeiten Wiens liegen im Innenstadtbereich, weshalb auf einem Spaziergang durch die Stadt gleich eine Anzahl von Highlights „erledigt" werden können. Angenehm ist dabei, dass ein Großteil der Inneren Stadt, also des 1. Wiener Gemeindebezirks, entweder Fußgängerzone ist oder die rumpeligen Kopfsteinpflaster und die langsam zuckelnden Pferdekutschen ohnedies den Verkehr weitestgehend neutralisieren und somit ein Spaziergang auch mit Kindern problemlos vonstatten gehen dürfte. Wer nur ein Wochenende oder gar nur einen Tag in Wien zur Verfügung hat, dem mögen die folgenden gezielten Routenvorschläge als erster Überblick über die österreichische Hauptstadt dienen.

008wi Abb.: dk

1. TAG: DURCH DIE INNERE STADT AUF DEN SPUREN DES HISTORISCHEN WIENS

Morgens

Von einem leckeren Frühstück gestärkt, sollte man den Tag mit einem Besuch des Wiener Wahrzeichens, dem **Stephansdom ❶**, beginnen. Er bildet das geografische und gewissermaßen auch historische Zentrum der Stadt und ist zudem von überall her mit der U-Bahn zu erreichen. Im Anschluss an den Dombesuch kann man über die schicke Einkaufsmeile **Graben ❷** bummeln. Zwar stellt der Graben gleichzeitig den touristischen Haupttrampelpfad der Stadt dar, aber hier befinden sich viele der eindrucksvollsten Gebäude Wiens und auch shoppingtechnisch ist dies „the place to be".

Alternativ könnte man an einem ersten Tag in Wien mit einem Besuch der eindrucksvollen **Secession ⓫**, einem Kunstmuseum, in dem sich der

◄ *Vom Oberen Belvedere (s. S. 92) blickt man hinab auf die Innere Stadt*

◄ *Vorseite: Nichts für lahme Enten – mit dem Segway-Elektroroller durch Wien (s. S. 116)*

weltberühmte Beethovenfries von Gustav Klimt befindet, beginnen. An der Secession beginnt auch der quirlig-bunte **Naschmarkt** ㉘ (samstags ist im westlichen Teil ein **Flohmarkt** angeschlossen, s. S. 22), auf dem es Freude macht, dem geschäftigen Treiben zuzusehen, die verschiedenen Stände zu erkunden und das ein oder andere Café zum Kurzverweilen zu besuchen. Vom Markt aus ist man mit der U-Bahn ruckzuck am Stephansplatz und ebenfalls auf dem oben angesprochenen Graben ❷.

Mittags

Man sollte vom Graben aus nach links über den anschließenden **Kohlmarkt** flanieren. Diese, aufgrund ihrer exklusiven Geschäfte auch Champagnermeile genannte Straße, bietet mit dem **k. u. k. Hofzuckerbäcker Ch. Demel's Söhne** (s. S. 28) eine Attraktion der hohen Konditorkunst.

Hier schließt sich der **Michaelerplatz** an. Das majestätische **Michaelertor** ist der Eingang in die **Hofburg** ⓮, in der sich zahlreiche Sehenswürdigkeiten befinden. Neben einem einfachen Spaziergang durch das großzügig angelegte Areal ist hier hauptsächlich ein Besuch der **Schatzkammer** (s. S. 44) oder des **Sisi Museums** (s. S. 44) empfehlenswert. Pferdefreunde wird außerdem die **Spanische Hofreitschule** ⓯ interessieren.

Schlendert man durch die Höfe der Hofburg, erreicht man nach einigen Hundert Metern den riesigen **Heldenplatz** ⓰, von dem aus es mehrere Möglichkeiten gibt, den Nachmittag zu verbringen. Wem es an Kulturellem vorerst reicht, der hat linker Hand im **Burggarten** (s. S. 46) die Möglichkeit, das Erlebte zu „verdauen" und Kraft und Energie für folgende Abenteuer zu tanken.

Überquert man den Heldenplatz zu Fuß und geht weiter über die Ringstraße, liegt gegenüber der Maria-Theresien-Platz mit den Zwillingsgebäuden des **Kunsthistorischen** ⓱ und **Naturhistorischen Museums** ⓲.

Nordöstlich des Burggartens dagegen liegt der Albertinaplatz. Hier besteht die Möglichkeit, die grafische **Kunstsammlung Albertina** ⓳ in dem durch ein schwebendes Titandach überspannten Eckgebäude zu besichtigen.

Rechter Hand in der Philharmonikergasse hat das **Hotel Sacher** (s. S. 118) mit dem gleichnamigen Café (s. S. 27), bekannt durch die zuckersüße Sachertorte, seinen Sitz. Das große frei stehende Gebäude gegenüber des Sachers ist die architektonisch eindrucksvolle **Wiener Staatsoper** ⓬. Beim Verkaufspavillon am Herbert-von-Karajan-Platz direkt an der Staatsoper (tgl. 10–19 Uhr geöffnet) ist es möglich, Informationen und Karten für die Oper, aber

▲ *Das Portal des Kunsthistorischen Museums (s. S. 81) ist aus wirklich jedem Blickwinkel gewaltig*

auch für andere Konzerthäuser oder Theater der Stadt zu bekommen.

Am Ende der Philharmonikergasse geht es nach links in die **Kärntner Straße** ❸, die als Fußgängerzone nicht nur shoppingtechnisch einen angenehmen Abschluss dieses Spaziergangs bildet.

Abends

Zum abendlichen Festschmaus empfiehlt sich der **Figlmüller** (s. S. 29) für ein unglaublich leckeres Riesenschnitzel oder der **Plachutta** (s. S. 31) für den legendären Tafelspitz. Wer danach noch genug Energie hat bzw. kein Arrangement für eine kulturelle Soirée getroffen hat, der findet im **„Bermudadreieck"** ❹ jede Menge Kneipen und Bars. Wer mehr auf Tanzen aus ist, dem sei ein Besuch in einer der beiden Diskotheken **Passage** (s. S. 38) oder **Volksgarten** (s. S. 38) empfohlen.

2. TAG: ENTLANG DES RINGS UND JENSEITS DES 1. BEZIRKS

Morgens

Der Morgen sollte im Zeichen der **Ringstraße** mit ihren monumentalen Bauwerken stehen. Es gibt zwei Möglichkeiten, diese Prachtstraße zu erkunden: stilvoll, aber teuer mit einem **Fiaker** (s. S. 116) oder aber mit der gelben **Vienna-Ring-Tram** (s. S. 115), einer Touristen-Straßenbahn, die den Ring am inneren Gleis umrundet. Betrachten Sie vor allem das **Parlament** im neo-attischen Stil ⓳, das **Rathaus** im Stil der Flämischen Gotik ⓴, das **Burgtheater** ㉑, das neue **Universitätsgebäude** [F5/6], die neugotische **Votivkirche** ㉓ sowie die **Staatsoper** im Stil der Neorenaissance ⓬.

011wi Abb.: dk

▶ *Klassischer gehts nicht: mit dem Fiaker über die Ringstraße (s. S. 69)*

Mittags

Frischen Mutes sollte man den Nachmittag der Zweitresidenz der Habsburger, dem **Schloss Schönbrunn** ㉝ widmen. In ca. zwei Stunden kann man die wichtigsten Sehenswürdigkeiten des Schlosses „abklappern", um dann – verdient ist verdient – den wunderschönen **Schlosspark** ㉞ zu erkunden. Für eine Kaffeepause eignet sich besonders die erhöht im Park gelegene **Gloriette** (s. S. 101), von der aus man einen Weitblick über die Stadt genießt.

An einem schönen Tag lohnt weiterhin ein Besuch des **Tiergartens Schönbrunn** ㉞, dem ältesten noch bestehenden Zoo der Welt. Bei nicht ganz so rosigem Wetter wäre es möglich, das **Museum für angewandte Kunst** ❽ zu besuchen oder einen Spaziergang durch den **Stadtpark**

(s. S. 47) vorbei am Johann-Strauß-Denkmal zu machen. Vom südlichen Ende des Stadtparks ist es nur noch ein Katzensprung bis zum großzügig angelegten **Schwarzenbergplatz**. Die Straßenbahnlinie D fährt vom Platz aus in nur wenigen Stationen zum **Schloss Belvedere ㉗**. Ob zum Besuch der im Schloss befindlichen Kunstmuseen oder nur zum Genießen des traumhaften Blicks über die Stadt vom erhöht gelegenen Schlosspark, das Belvedere ist zweifelsohne einer der schönsten Orte Wiens.

Wieder zurück auf dem Schwarzenbergplatz mit dem imposanten sowjetischen Kriegerdenkmal geht es über die kleine Technikerstraße – rechter Hand befindet sich das spätbarocke Gebäude, das die **französische Botschaft** beherbergt – zum **Karlsplatz** mit der orientalisch anmutenden **Karlskirche ⑩**. Von hier hat man U-Bahn-Anschluss und erreicht nach nur einer Station (U2) das

010wi Abb.: dk

MuseumsQuartier ㉛, in dem sowohl das **Leopold Museum** (s. S. 43), als auch das **MUMOK** (s. S. 43) die Highlights im kulturellen Sinne darstellen. Wer noch ein wenig Zeit hat, der erreicht am südlichen Ausgang des MuseumsQuartiers die **Mariahilfer Straße ㉙**, Wiens längste Einkaufsstraße.

DAS GIBT ES NUR IN WIEN

Da ist natürlich zuerst mal das Wiener Kaffeehaus, denn nirgends lässt es sich besser ausruhen, beobachten und dieses ganz besondere Wiener Flair erfahren.

Kulinarisch nicht verpassen sollte man ein echtes Wiener Schnitzel. Man liebt sie hier dünn und groß und immer ohne (!) Soße. Dazu wird in der Regel ein Salat gereicht und nur selten üppige Beilagen wie Bratkartoffeln, Reis oder Pommes frites.

Architektonisch besonders sehenswert - neben den diversen monumentalen Bauwerken verschiedenster Epochen - ist im Speziellen der Wiener Jugendstil (s. S. 73).

Abends

Besonders sehenswert ist abends Wiens liebreizendes Biedermeierviertel, der **Spittelberg ㉚**. Für ein Abendessen empfiehlt sich hier das **Amerlingbeisl** (s. S. 29) oder das **Gasthaus am Spittelberg** (s. S. 31). Danach finden sich in den Gässchen des Viertels mehr als genügend nette Kneipen. Als kulturelle Alternative bieten sich das nahe gelegene **Volkstheater** (s. S. 40) oder das legendäre **Burgtheater ㉑** an.

▲ *... ein bisserl Wiener Schmäh ist allgegenwärtig!*

Wer es lieber urig mag, dem könnte auch ein Besuch bei einem bekannten Stadtheurigen wie dem **Esterházykeller** (s. S. 35) oder dem **Zwölf-Apostelkeller** (s. S. 35) den krönenden Abschluss dieses zweiten Tages gewährleisten.

ZUR RICHTIGEN ZEIT AM RICHTIGEN ORT

Es gibt glücklicherweise keine „beste" Zeit, um Wien zu besuchen, denn an der Donau hat jede Jahreszeit ihre besonderen Reize. Natürlich sind der Frühling und der Sommer für die meisten Gäste aufgrund der vielen Betätigungsfelder im Freien Favorit, aber auch der Herbst strahlt eine schöne Atmosphäre aus. Wenn die Nebelschwaden das Donaubecken verhängen, ist das die perfekte Jahreszeit für ausgiebige Museums- und Theaterbesuche, Konzerte und für kulinarisch hochwertige Genüsse in den Lokalen der Stadt. Sogar der oft kalte Winter hat seine positiven Seiten, denn dann wird in Wien am heftigsten gefeiert, ob zur Vorweihnachtszeit oder zur wilden Ballsaison.

JANUAR, FEBRUAR, MÄRZ

› Am 1. Januar findet im Musikverein (s. S. 41) das **Neujahrskonzert** der Wiener Philharmoniker statt, das auch an mehreren Orten der Stadt auf Bildschirmen sowie im Fernsehen übertragen wird.
› Anfang Januar, im Zeichen des Neujahrskonzerts, beginnt auch der Hochbetrieb der Wiener **Ballsaison** (www.ballkalender.com). Diese beginnt zwar – wie andernorts der Karneval, Fasching oder die Fastnacht – offiziell am 11.11., hat aber ihre Hauptbälle erst im Januar.

Den Abschluss der Ballsaison bilden der **Rudolfina Redoutenball** am Faschingsmontag und das **Elmayer-Kränzchen** am Faschingsdienstag (beide in der Hofburg) sowie der gesellschaftliche Höhepunkt in Form des **Opernballs,** der (fast) alle Jahre am letzten Donnerstag (Weiberfastnacht) im Fasching in der Wiener Staatsoper **⑫** gefeiert wird.
› Ab Mitte Januar bis Anfang März wird der Rathausplatz **⑳** in einen Eislaufplatz umfunktioniert, der unter dem Namen **Wiener Eistraum** (www.wienereistraum.com) firmiert.
› In der letzten Januarwoche findet das **Resonanzen** genannte Festival „Alter Musik" im Wiener Konzerthaus (s. S. 40) statt. Zwischen Ende Februar und Ende März gibt es weitere Musikfestivals, darunter das **Akkordeonfestival** (www.akkordeonfestival.at) und die diversen, im Konzerthaus angesiedelten Konzerte im Rahmen des bis Mai andauernden **Frühlingsfestivals** (www.konzerthaus.at).
› Ende Februar bis Ende März ist das internationale Kindertanzfestival **Dschungel Wien** (www.dschungelwien.at) im MuseumsQuartier **㉛** .
› Ende März startet das Friday Night Skating Event, das sich bis September zieht und jeden Freitag um 22 Uhr am Heldenplatz beginnt. Von hier aus rollt man im Pulk der anderen Skater durch die kurzzeitig örtlich verkehrsberuhigte Innenstadt.

APRIL, MAI, JUNI

› Zu Ostern steht der **Osterklang** mit Kammer- und Orchesterkonzerten (www.osterklang.at) in der Karwoche auf dem Programm. Ebenfalls finden diverse **Ostermärkte** statt, unter denen der auf der Freyung **㉒** und der im Ehrenhof des Schlosses Schönbrunn **㉝** die bekanntesten sind. Der Karfreitag ist in Österreich übrigens weitestgehend verkaufsoffen.

012wi Abb.: dk

› Ab Ende März rockt über etwa sechs Wochen das **Balkan Fever Festival** (www.balkanfever.at) die Stadt.

› Im April liegt das **Stadtfest Wien** (www.stadtfest-wien.at), zu dem an mehreren Orten der Innenstadt parallel diverse Shows, Konzerte und Liveacts aufgeführt werden.

› Etwa Mitte April läuft Wien im **Vienna City Marathon** mit „sich selbst" um die Wette (www.vienna-marathon.com).

› Am 1. Mai wird neben dem **Tag der Arbeit** auch die **Pratersaison** offiziell eröffnet. Im Prater ❷ ist dann, neben dem je nach Wetterlage bereits seit April herrschenden Trubel, auch in der Parkanlage reichlich Unterhaltungsprogramm.

› Im Mai und Juni steht die Stadt im Zeichen der **Wiener Festwochen** (www.festwochen.at), bei denen jährlich etwa 30 Opern-, Konzert-, Theater- und Tanzproduktionen von Ensembles aus dem In- und Ausland an verschiedenen Locations zum Besten gegeben werden. Karten sollten frühzeitig gekauft werden!

› In den Mai fällt gewöhnlich der schrille **Life Ball** (www.lifeball.org), eine buntskurrile Charity-Party auf dem Rathausplatz ❷⓪ zugunsten der AIDS-Hilfe. Der Ball kann nur mit Eintrittskarte (und die sind heiß begehrt) besucht werden.

› Ende Mai/Anfang Juni erleben Kunstfreaks das Kunst- und Stadtteilprojekt namens **SOHO in Ottakring,** das sich über das Brunnenviertel von Ottakring, dem 16. Bezirk, ausdehnt. Dann werden hier Geschäfte, Gasthäuser und Cafés zu Kunstobjekten ummodelliert!

› Mitte/Ende Juni tobt über drei Tage auf der **Donauinsel** (s. S. 47) die größte (kostenlose) **Open-Air-Party** Europas mit Freiluftkonzerten, Shows und auch

▲ *Am 1. Mai wird offiziell die Pratersaison eröffnet. Das 1896/97 erbaute Riesenrad – absolutes Wahrzeichen des Praters – fährt aber das ganze Jahr über.*

sonst reichlich Unterhaltung (www.donauinselfest.at).

> Ende Juni/Anfang Juli findet das **Jazzfest** (www.viennajazz.org) statt, bei dem weltberühmte Jazzer an diversen Konzertorten der Stadt aufspielen.

JULI, AUGUST, SEPTEMBER

> Anfang/Mitte Juli feiert die schwul-lesbische Community Wiens mit der **Regenbogenparade** (www.regenbogenparade.at) über die Ringstraße ihre größte alljährliche Party.

> Ab Juli bis Mitte August bietet Europas größtes Tanzfestival **ImPulsTanz** (www.impulstanz.com) über die ganze Stadt verteilte Vorführungen in avantgardistisch-modernen Tanzrichtungen internationaler Ensembles und Choreografen.

> Über den ganzen Juli und August gibt es viele klassische Konzerte, Opern- und Operettenaufführungen, aber auch andere klanglich interessante Events im Theater an der Wien und in teilweise verhältnismäßig unkonventionellen Orten wie der Spanischen Hofreitschule ⓯ oder im Schloss Schönbrunn ㉝, die unter dem **Klangbogen Festival** (www.

klangbogen.at) zusammengefasst werden. Außerdem ist in dieser Zeit das **Festival am Rathausplatz** ⓴ (www.wien-event.at) samt internationalen Essensständen und mit Open-Air-Film- und Konzertausschnitten zum Thema Klassik, die direkt vor dem Rathaus auf einer riesigen Leinwand kostenfrei gezeigt werden. Szenische Filme dagegen werden ebenfalls über die Sommermonate am Karlsplatz ⓾ beim **Kino unter Sternen** (www.kinountersternen.at) gezeigt.

> Ende August werden Abschnitte des Gürtels (ringförmig um den Stadtkern liegende Hauptverkehrsader) in ein grooviges Independent-Musik-Happening verwandelt, wenn beim **Gürtel Nightwalk** (www.guertelnightwalk.at) zahlreiche Bands und DJs in den hiesigen Lokalen aufspielen.

> Mitte September steht für Literatur, wenn in einem Zelt neben dem Burgtheater ㉑ bei **Rund um die Burg** österreichische Autoren nonstop rund um die Uhr kostenlos zugängige Lesungen abhalten.

OKTOBER, NOVEMBER, DEZEMBER

> Der Oktober ist in Wien der Cineastenmonat, denn hier findet das alljährliche, zwei Wochen dauernde internationale **Filmfestival Viennale** (www.viennale.at) statt, bei dem etwa 300 „Streifen" gezeigt werden.

> Ab Ende Oktober und im ganzen November gibt es dann das große Festival zeitgenössischer Musik namens **Wien Modern** (www.wienmodern.at) mit österreichischen und internationalen Solisten und Ensembles.

> Mitte November findet das etwa zweiwöchige **KlezMore Festival** (www.klezmore-vienna.at) mit Klezmer-Gruppen aus der ganzen Welt statt.

> Zwischen Mitte November und Mitte Dezember ist auch das **Voice Mania** (www.

▌FEIERTAGE

> 1.1. Neujahr
> 6.1. Heilige Drei Könige
> Ostermontag (Karfreitag verkaufsoffen)
> 1.5. Tag der Arbeit
> Christi Himmelfahrt
> Pfingstmontag
> Fronleichnam
> 15.8. Mariä Himmelfahrt
> 26.10. Österreichischer Nationalfeiertag
> 1.11. Allerheiligen
> 8.12. Mariä Empfängnis
> 25. und 26.12. Weihnachten

voicemania.at), ein äußerst vielfältiges A-capella-Festival mit Beiträgen zu Pop, Rock, Jazz, Swing, Gospel und selbst Beatbox erlebenswert.

> In der Adventszeit gibt es in Wien etliche **Christkindlmärkte,** darunter der am Rathausplatz **⑳** (www.christkindlmarkt.at), der im Schloss Belvedere (www.weihnachtsdorf.at), der am Spittelberg **㉚** (www.spittelberg.at), der vor dem Schloss Schönbrunn **㉝** und der im alten Allgemeinen Krankenhaus im 9. Bezirk.

> Silvester feiert man in Wien entweder traditionell auf dem **Kaiserball** (www.kaiserball.at) in der Hofburg oder in der Inneren Stadt auf dem **Silvesterpfad** (www.wien-event.at), wenn dort reichlich Stände und unterschiedliche Shows die perfekte Kulisse für das eindrucksvolle Feuerwerk – das man am besten vom Heldenplatz **⑯** aus sieht – liefern.

WIEN FÜR CITYBUMMLER

Für ein erstes Kennenlernen der österreichischen Hauptstadt bietet sich ein Spaziergang durch die Innere Stadt an. Dieses Viertel gilt historisch gesehen als Altstadt und präsentiert sich in hervorragendem Zustand. Das Herzstück bildet der Stephansdom **❶**, *da er praktisch in der Mitte des Viertels liegt und außerdem von fast jedem Ort der Inneren Stadt zu sehen ist und somit leicht als geografischer Anhaltspunkt genommen werden kann. Ein Bummel durch die Innere Stadt ist aber nicht nur wegen des Doms und der umliegenden*

013wi Abb.: dk

▶ *Im Herzen der City – die Pestsäule am Graben (s. S. 62)*

Gebäude fesselnd, Museen, Lokale, Cafés und Geschäfte sorgen zudem für reichlich Abwechslung.

Das vielleicht authentischste, wenn paradoxerweise auch **ruhigste** Viertel des **alten Stadtkerns** befindet sich nördlich des Stephansdoms. Man erreicht es über die Rotenturmstraße und den sich anschließenden Hohen Markt mit der berühmten **Ankeruhr**. Ab hier erstreckt sich ein wuseliges, direkt mittelalterlich anmutendes Geflecht aus kleinen Gässchen, dessen Zentrum der **Am Hof** ㉒ genannte Platz ist, einer der ältesten und geschichtsträchtigsten Wiens. Es ist eine wahre Wohltat, sich durch die kopfsteingepflasterten Straßen bis zum **Judenplatz** und weiter Richtung Donaukanal treiben zu lassen und auf diesem Streifzug die diversen architektonischen Stilepochen zu erkunden.

Im krassen Gegensatz zu diesem ruhigen Viertel steht das unmittelbare **Gebiet um den Stephansdom**, denn sowohl tagsüber als auch spät in der Nacht brodelt hier das Leben. Ob shoppingwütige Einheimische oder staunende Touristen, wer die **Kärntner Straße** ❸ mit ihren schicken Boutiquen oder den **Graben** ❷ mit seinen klassizistischen und historischen Stadtpalais besucht, der erlebt unweigerlich das pulsierende Herz der Stadt.

Das **geschichtliche Zentrum** Wiens ist zweifelsohne die **Hofburg** ⓮ – mit ihren Hauptattraktionen wie der **Schatzkammer** (s. S. 44), dem **Sisi Museum** (s. S. 44) oder der **Spanischen Hofreitschule** ⓯ – die man traditionell stilvoll vom Michaelerplatz bzw. durch das sich anschließende **Michaelertor** betritt. Kein anderer Ort in der Inneren Stadt spiegelt

den Glanz der vergangenen Donau-monarchie so gut wieder wie der ehemalige Sitz der Habsburger.

Und wo liegt die **echte Seele der Stadt?** Natürlich an mehreren Orten, einer der schönsten darunter ist jedoch das östlich des Stephansdoms gelegene Viertel. Höhepunkt dieser äußerst liebreizenden Gegend der Wiener Innenstadt ist der fast verträumt wirkende **Franziskanerplatz,** von dem aus man rechts die Singerstraße nehmen und dann linker Hand über die Riemergasse auf die 600 m lange **Wollzeile** spazieren kann. Neben den hier befindlichen Restaurants und Geschäften kann man nach rechts Richtung **Stubentor❼** – mit dem grandiosen Café Prückel (s. S. 27) – die Stadtbegehung fortsetzen oder nach links, um nach 200 m auf der rechten Straßenseite durch die kleine Passage in

die Bäckerstraße vorzustoßen. Dieser kleine Spaziergang führt den Besucher weg vom kommerziellen, touristischen Wien, dorthin, wo auch noch der „echte" Wiener gerne seinen Kaffee zu sich nimmt oder seinem Einkaufsbummel mit Freude nachgeht.

Wieder zurück auf der Rotenturmstraße geht es Richtung Norden zum **Schwedenplatz❻**. Hier beginnt auch das von Kneipen und Bars gesäumte „**Bermudadreieck"❹**, das getrost als **Auge des Wiener Nightlife-Zyklons** bezeichnet werden kann, das jedoch tagsüber besonders wegen der alten **Ruprechtskirche❺** sehenswert ist.

Folgt man der Rotenturmstraße nach Süden, kommt man wieder auf die Ausgangsposition zum Stephansdom und hat damit die wichtigsten Impressionen der Inneren Stadt eingefangen.

014-wi Abb.: dk

WIEN FÜR KAUFLUSTIGE

Wiens Haupteinkaufszone erstreckt sich sternförmig um den Stephansdom. Dabei sind die Fußgängerzonen des Grabens und der Kärntner Straße die namhaftesten Adressen, aber auch die Rotenturmstraße und die davon abgehende Wollzeile sowie der am Ende des Grabens laufende Kohlmarkt bieten Shoppingfreude vom Feinsten. Atemberaubend sind hier allerdings nicht nur die ausgefallenen Geschäfte, sondern leider auch die Preise. Geradezu edel ist die schmucke Einkaufspassage im

◄ *Auch abends ein Fest der Sinne: die Ringstraße bei der Staatsoper (s. S. 74) mit Blick auf den Stephansdom (s. S. 60)*

1856–1860 im Stil der italienischen Renaissance gebauten Palais Ferstel [F6] mit seinen eleganten Treppenaufgängen und den runden Innenhöfen.

Beliebt ist außerdem die **Mariahilfer Straße**, auf der sich Flagstores aller großen Modedesigner sowie zahlreiche Kaufhäuser und Boutiquen befinden.

SÜSSES

Hier finden sich süße Mitbringsel – wenn auch die Verführung, sie noch im Hotel zu vernaschen, eine der Hauptgefahren eines Wienbesuchs darstellt! – wie Pralinen, Konfekt, Torten oder sonstige zuckersüße Mehlspeisen.

◼1 [G6] **Aïda,** Stock im Eisen Platz 2, www.aida.at. Als eine Art nett-schrullige McMehlspeis' kann man die vielen Café- und Konditorei-Filialen des Traditionshauses Aïda wohl am besten

015wi Abb.: dk

beschreiben. Neben dem Hauptgeschäft beim Stephansplatz befindet sich in der Wollzeile 28 eine ruhigere Alternative.

◼2 [G6] **Altmann & Kühne,** Graben 30. Die Patisseriekunst der „Alten Schule" ist hier immer noch lebendig. Besonders begehrt ist das Minikonfekt, das in kleinen, hübsch dekorierten Pappkistchen ein ideales, aber unkonventionelles Mitbringsel darstellt.

❯ **k. u. k. Hofzuckerbäcker Ch. Demel's Söhne,** Kohlmarkt 14, www.demel.at. Das ultimative Süßspeisen-Mekka Wiens ist in Sachen Auswahl (365 Sorten Mehlspeisen), Qualität und fachmännischer Beratung nach wie vor unübertroffen (s. S. 28)

◼4 [G6] **Kurkonditorei Oberlaa,** Neuer Markt 16, www.oberlaa-wien.at. Die beste Adresse für Panettone (ital. Kuchenspezialität mit kandierten Früchten) und Sandkuchen, aber auch die edlen Pralinékreationen sind die Verführung wert.

◼5 [G6] **L. Heiner OG,** Wollzeile 9. Der ehemalige k. u. k. Hoflieferant mit der immer liebevoll dekorierten Auslage hat neben vorzüglichen Mehlspeisen auch das größte Angebot an Diabetikerpatisserie in der Inneren Stadt.

◼6 [G6] **Manner,** Stephansplatz 7. Der Flagship-Store des beliebten Neapolitanerschnittenherstellers führt neben den diversen Leckerlis verschiedenste Merchandising-Produkte im firmentypischen zarten Rosa.

◼7 [F6] **Xocolat,** Freyung 2 (im Palais Ferstel), www.xocolat.at. Haben Sie als Kind jemals davon geträumt, dass Sie eine Schatztruhe voll herrlicher Schokolade finden? Nun, Ihr Traum wird bei Xocolat Wirklichkeit! Definitiv die umwerfendste Auswahl an Schokokreationen aus aller Welt.

◀ *Nicht nur in Salzburg bekommt man die weltberühmten Mozartkugeln*

MODE UND ACCESSOIRES

Junge Mode in Form von kultigen Designerboutiquen findet man auf der Mariahilfer Straße und im Umkreis der Rotenturmstraße sowie der Judengasse ❹. Hochwertige klassische Damen- und Herrenmode gibt es in der Inneren Stadt.

🏠**8** [F8] **Elfenkleid,** Margaretenstraße 39/3-4. Hinreißend ausgefallene, aber durchaus tragbare Mode für sie von zwei jungen österreichischen Designerinnen.

🏠**9** [G6] **EMIS Modegalerie,** Wildpretmarkt 7. Wirklich nicht überall zu findende Kreationen, z. B. von Comme des Garçons, Yohji Yamamoto, Junya Watanabe oder Hussein Chalayan. Wer das „Outfit der speziellen Art" sucht, ist hier gut beraten.

🏠**10** [G6] **Fürnkranz,** Kärntner Straße 39. Das traditionsreiche Modehaus blickt zwar auf eine über 100-jährige Geschichte zurück, die Designs gehen dennoch deutlich mit der Zeit.

🏠**11** [G6] **k. u. k. Hoflieferant Knize,** Graben 13. Nach dem Motto „die unausweichliche Frage nach dem eigenen Stil beginnt mit der Überwindung der Mode" kreiert man hier seit 1858 klassische Herrenmode.

🏠**12** [G6] **Liska,** Graben 12. Das alteingesessene Modehaus Liska ist neben konventionellem Fashiondesign auch für Handtaschen und diverse Accessoires eine beliebte Adresse der Wiener Damenwelt.

🏠**13** [G6] **Loden Plankl,** Michaelerplatz 6. Ob Lodenmäntel, Dirndl oder Trachtenkleidung, nirgends in Wien ist das Angebot größer.

🏠**14** [E7] **Park,** Mondscheingasse 20. Kultig cooles Designergeschäft – statt Haute Couture ausgefallene Kreationen – mit Damen- und Herrenmode, aber auch allerlei durchgedrehtem Zeug.

🏠**15** [F6] **Schuhfabrik Reiter,** Mölker Steig 1. Das Stammhaus des mittlerweile mehrere Filialen (auch in Deutschland und der Schweiz) umfassenden Schuhfabrikanten Reiter. Die besondere Tradition des Hauses ist die Erzeugung rahmengenähter Schuhe im klassischen Wiener Stil.

BÜCHER UND MUSIK

🏠**16** [G5] **Black Market,** Gonzagagasse 9. Spaciges Fachgeschäft für Musik und ausgeflippte Streetware.

🏠**17** [G6] **Emi Music,** Kärntner Straße 30. In Sachen klassischer Musik gut sortiertes und übersichtliches Geschäft.

🏠**18** [G6] **Frick,** Graben 27. Zentral gelegenes Buchgeschäft mit einer zumindest ausreichend großen Abteilung zur (Wiener) Kunstszene. Auch sonst viel Literatur österreichischer Autoren und erstaunlich umfassendes Sortiment zum Thema Essen und Trinken.

🏠**19** [G6] **Gramola,** Graben 16. Das beste Musikgeschäft der Stadt – zumindest wenn man Klassik mag und sucht. Eine Filiale gibt es außerdem in der Seilerstätte 30 im Haus der Musik ❾.

🏠**20** [G6] **Morawa,** Wollzeile 11. Die schlichtweg beste Buchhandlung Wiens hat neben internationaler Presse eine reiche Regionalia-Abteilung mit denkbar viel zu Wien und Umgebung, aber auch sonst so ziemlich allem, was das Leserherz auf einer Reise begehren könnte.

ANTIQUITÄTEN UND KUNST

Wien ist übersät mit Antiquitäten- und Altwarenhändlern und man muss schon etwas Zeit aufwenden, um alle sehenswerten zu besuchen. Das bekannteste Antiquitätenquartier befindet sich südlich des Grabens und umfasst die Plankengasse, die Spiegelgasse und die Dorotheergasse.

🏠**21** [G6] **Dorotheum,** Dorotheergasse 17. Ob zum Mitbieten oder einfach nur, um die Stimmung eines derart großen Auktionshauses zu erleben, ein Besuch im Dorotheum ist immer spannend, zumal die diversen zu versteigernden Dinge in mehreren Prunksälen in Augenschein genommen werden können.

🔒 22 [G6] Elfriede Schiller, Plankengasse 7. Ob Tassen aus den 1950er-Jahren, skurrile Messer oder der original Wiener Zeitungshalter, in diesem Geschäft bekommt man noch all das, was anderswo als längst vergriffen gilt.

🔒 23 [G6] Österreichische Werkstätten, Kärntner Straße 6. Designerschmuck, Glasdesign, Taschen, Tücher und Accesoires von österreichischen Künstlern.

(AUSSERGEWÖHNLICHE) SOUVENIRS UND GESCHENKE

Altbackene 08/15-Souvenirs wie Schlüsselanhänger, Schneekugeln mit Guglhupf, Postkarten, Miniaturfiaker oder sonstigen Krimskrams bekommt man an den einschlägigen Souvenirläden in unmittelbarer Nähe zum Stephansdom zur Genüge. Ausgefallene Mitbringsel dagegen gibt es bei den folgenden Adressen:

🔒 24 [G6] Alt Österreich, Himmelpfortgasse 7. Ein Paradies für Sammler alter Gegenstände ist dieses Geschäft, in dem es neben historischen Postkarten, Fotos und Autogrammkarten auch Devotionalien aus der Kaiserzeit gibt.

🔒 25 [F7] das möbel, Gumpendorferstraße 11. Nein, nicht nur Möbelstücke gibt es hier, sondern eine Vielzahl liebreizender Kleinig- und Großigkeiten, von denen man erst, wenn man sie besitzt, weiß, wie sehr sie einem gefehlt haben.

🔒 26 [F6] Kaufhaus Schiepek, Teinfaltstraße 3. Nicht unbedingt edle, dafür fantastisch witzige Geschenkideen bietet man in diesem Ramschladen.

🔒 27 [G5] Lederleitner, Schottenring 16. Im Souterrain der Börse befindet sich dieses bemerkenswerte Geschäft, auf dessen mehr als 1000 m² eine ständig wachsende Auswahl an Gartenmöbeln, Büchern, Schnittblumen und Topfpflanzen, aber auch kleineren, geschenkähnlichen Accessoires verkauft wird. Hervorragende Beratung!

🔒 28 [G6] Ostermann, Am Hof 5. Noch so ein Geschäft vergangener Zeiten. Bei Ostermann bekommt man alles an Raucherutensilien von Pfeifen über Humidors bis hin zu ausgefallenen Feuerzeugen. Nur Tabak, Zigaretten und Zigarren gibt es paradoxerweise nicht, dafür fehlt nämlich die Lizenz.

🔒 29 [G6] Porzellanmanufaktur Augarten, Stock im Eisen Platz 3. Im hiesigen Verkaufsshop werden die handgemachten und handbemalten Stücke der Edelporzellanmanufaktur Augarten vertrieben.

🔒 30 [F7] Saint Charles Apotheke, Gumpendorfer Straße 30. Die – auch für Gesunde – sehenswerteste Apotheke der Stadt! Diese sensationelle alte, aber wieder neu gestaltete Apotheke verfügt u. a. über eine eigene Hautpflegeserie und wurde bereits in international renommierten Zeitschriften wie Monocle oder Wallpaper vorgestellt.

🔒 31 [G6] Vienna World, Führichgasse 6. Allerlei ausgefallene Souvenirs, die sich speziell für Musikfreunde eignen, denn die meisten haben das Thema Klassik.

❯ WIEWIEN, www.wiewien.at. Das definitiv kreativste Souvenirgeschäft der Stadt, mit Mitbringseln, die von jungen Wiener Designer/-innen exklusiv gestaltet werden. Umzugsbedingt sind die Kollektionen von WIEWIEN vorübergehend nur online zu bekommen.

▶ *Wenn es um Essig geht, dann ist man bei Erwin Gegenbauer am Naschmarkt goldrichtig*

O16wi Abb.: dk

LEBENSMITTEL

🏠**33** [H6] **Böhle,** Wollzeile 30. Das Schlemmerschlaraffenland schlechthin. Ob Weine, Biersorten oder exquisite Lebensmittel, hier geht einem der Magen auf ...

🏠**34** [G6] **Haas & Haas,** Stephansplatz 4. Wunderschön gestaltetes Spezialitäten- und Teegeschäft mit einer geradezu unerschöpflichen Auswahl an erlesenen Marmeladen, Honigsorten, Fruchtpâtés und seltenen englischen Teesorten.

🏠**35** [G6] **Meinl am Graben,** Graben 19. Bereits 1862 als Kolonialwarengeschäft gegründet und heute ein exklusiver Delikatesssupermarkt bietet der Meinl am Graben wahrlich Unwiderstehliches in Sachen Feinkost. Neben einer schier unendlich großen Wein- und Spirituosenabteilung finden sich hier österreichische und internationale Erzeugnisse von feinster Schokolade über Marmeladen und Konfitüren bis hin zur wahrscheinlich umfangreichsten Käseabteilung (über 500 Sorten!) Europas.

WEIN UND SPIRITUOSEN

🏠**36** [E6] **Mechitharine,** Neustiftgasse 19. Hier und nur hier im Shop des Mechitaristenklosters bekommt man ihn, den von Mönchen seit 1689 nach Originalrezept hergestellten Kloster-Likör. Angeboten wird er in sechs Stufen von süß bis edelbitter.

🏠**37** [G5] **Unger & Klein,** Gölsdorfgasse 2. Kurz und knapp: die schlichtweg sehenswerteste Vinothek der Stadt mit allen Topweinen Österreichs.

🏠**38** [E5] **Weinpunkt,** Frankhplatz 4. Man spezialisiert sich hier auf eine überschaubare, aber professionelle Auswahl an Weinen aus dem Südosten Österreichs.

🏠**39** [G6] **Wein & Co,** Jasomirgottstraße 3–5. Das Hauptgeschäft der beliebten Weinsupermarktkette – gegenüber der Secession ⓫ gibt es eine weitere große Filiale – bietet ein umfassendes Angebot an österreichischen und internationalen Weinen, die man auch an der Weinbar konsumieren kann. Da Wein & Co sieben Tage pro Woche 10–24 Uhr geöffnet hat, ist dies auch die optimale Adresse für ein „Verlegenheitsmitbringsel" kurz vor der Heimfahrt.

KAFFEE UND TEE

O.18wi Abb.: dk

🛍**40 [D7] Grand Cru,** Kaiserstraße 67. Kaffee und Edelschokolade stehen hier ganz oben auf dem Programm, aber auch japanischer Grüntee, Käse aus dem Piemont und andere Delikatessen sucht man nicht vergeblich.

🛍**41 [F7] Kaffeerösterei Alt Wien,** Schleifmühlgasse 23. Himmlisch duftet es in diesem ultimativen Göttertempel des Kaffees, denn er wird hier mitten im Geschäft geröstet.

🛍**42 [G6] Schönbichler,** Wollzeile 4. Ein bisschen des 19.-Jahrhundert-Flairs ist immer noch präsent in diesem Teekontor, wo man über 200 Sorten der besten Tees in Augen- und Nasenschein nehmen kann. Der Schönbichler verfügt auch über ein großes Angebot an schottischen Whiskys.

MÄRKTE

🛍**43 [F7] Flohmarkt,** am großen Parkplatz südlich des Naschmarktes. Jeden Samstag findet zwischen 5 Uhr morgens und den frühen Nachmittagsstunden der einzige für Schnäppchenjäger lohnenswerte Flohmarkt Wiens statt. Große Spannbreite diverser Verkäufer von billigen Textilien bis zu teuren Antiquitäten.

㉘ [F7] Naschmarkt. Der schönste und traditionsreichste Markt Wiens mit etwa 170 Händlern und einer regen Lokalszene. Sehens- und einkaufenswerte Stände sind z. B. für Fisch Hella Gruber (Stand 31–36) und Erkan & Gökhan Umar (Stand 38–39), für Obst und Gemüse Edith Jarosch (Stand 28–30), Martina Himmelsbach (Stand 40–45) und das Obsteck (Stand 147–166), für Schinken und Wurst Gerhard Urbanek (Stand 46), für Essig und Öl Erwin Gegenbauer (Stand 111–114), für Käse das Käseland (Stand 172), für so ziemlich alle legalen Gewürze der Welt Akad (Stand 322), für orientalische Süßspeisen Araxi (Stand 441–443) und als Highlight gilt der Sauerkrautstand mit den alten Holzbottichen von Leo Strmiska (Stand 245).

🛍**44 [I7] Rochusmarkt,** Landstraßer Hauptstraße. Kleiner, aber durchaus nicht zu verachtender Markt im 3. Bezirk, der vielleicht gerade dadurch besticht, dass er so normal unexaltiert ist.

KAUFHÄUSER UND SHOPPINGCENTER

🛍**45 Gasometer,** Guglgasse. Architektonisch die interessanteste Shoppingmall ist das Gasometer, das sich in einem von vier ehemaligen riesigen gemauerten

▲ *Der Naschmarkt ist Wiens schönster und lebendigster Markt (s. S. 94)*

Gasspeichern befindet. Auf drei Etagen sind hier allerlei Shops angesiedelt. Man erreicht die Mall problemlos mit der U3 (Haltestelle Gasometer).

46 [E7] **Gerngross**, Mariahilfer Straße 42–48. Der 7-stöckige Gerngross ist eines der großen Kaufhäuser Wiens, mit so ziemlich allem, was Kaufhäuser weltweit nun mal zu bieten haben. Gerade im Modebereich gibt es dem Shop-in-Shop-Konzept folgend diverse Designer und die letzten beiden Etagen beherbergen mit Saturn den bestsortierten Elektronikfachhandel in der Stadt.

47 [G7] **Ringstraßen Galerien**, Kärntner Ring 11–13 (Zugang auch über die Mahlerstraße). Das fürstlichste Shoppingcenter Wiens wartet mit etwa 70 Geschäften und Lokalen auf drei Etagen auf. Ob exklusive Mode, Schmuck, Brillen, Spielzeug oder Lebensmittel, hier finden sich die angenehmen Dinge des Lebens.

48 [G6] **Steffl**, Kärntner Straße 19. Mit über 50 Designeroutlets auf neun Stockwerken stellt das renommierte Kaufhaus Steffl modetechnisch das absolute Herzstück der Kärntner Straße dar. Erschöpften Shoppern sei außerdem die Skybar im obersten Stockwerk mit Blick über die Innenstadt empfohlen.

WIEN FÜR GENIESSER

Mit knurrendem Magen muss nun wirklich niemand durch Wien schlendern, denn die Hauptstadt der ehemaligen Donaumonarchie ist seit Langem eine wahre Gourmetdestination! Mit etwa 4000 Restaurants, Cafés, Kneipen, Bars, Wiener Beisln oder internationalen Lokalen ist Wien ein wahres Eldorado für hungrige Mägen und durstige Kehlen.

Für seinen Charme und sein Flair berühmt-berüchtigt und damit wirklich spezifisch wienerisch ist das **Kaffeehaus**. Schlichtweg eine Institution, die für viele Einheimische zu einer Art Zweitwohnsitz erkoren wird, oder wie der Schriftsteller Peter Altenberg (1859–1919) es so treffend beschrieb: „Im Café ist man nicht zu Hause und doch nicht an der frischen Luft." Man geht in Wien also nicht „einfach so" ins Café, sondern um über das Lapidare zu sinnieren, das Unwirtliche zu genießen, vielleicht die gestrige Zeitung zu lesen und sich dabei zu überlegen, was man morgen alles verpassen möchte, oder ganz philosophisch gesehen: um die Zeit bei einer Melange oder einem Mokka und ggf. einer köstlichen **Mehlspeise** – so nennt man hier Süßes wie Kuchen, Torten, Strudel oder Hefegebäck – ganz beschaulich verstreichen zu lassen. Und falls das mal länger dauern sollte, so gibt es in den meisten Etablissements auch warme Küche, darunter oftmals Mittagsmenüs, Tagessuppen, fast immer einschlägige Würstel und nicht selten – immerhin sind wir in Wien! – herrlich panierte

◄ *Gerngross auf der Mariahilfer Straße - ein Kaufhaus im klassischen Sinne*

018wi Abb.: dk

©20wi Abb.: dk

Schanigarten – nach dem Spitznamen für Johann „Schani", als Synonym für den Kellner – zu errichten.

Aber was wäre schon ein gutes *Bapperl* (Essen) ohne den richtigen **Wein** dazu? Wien verfügt über einen stadteigenen Weinanbau und die lokalen Tröpfchen lassen sich nirgends so stilvoll verkosten, wie in den sog. **Heurigenlokalen** (s. S. 34). Das Essengehen liegt preislich übrigens in etwa im gleichen Rahmen wie in Deutschland oder der Schweiz. Wirklich günstig ist es in vielen Beisln zur Mittagszeit, denn dort werden dann häufig **Mittagsmenüs** zu vernünftigen Fixpreisen angeboten. In allen Lokalen sollte man immer ein Trinkgeld – je nach Summe etwa 10 % – geben.

DIE KÜCHE WIENS

Vornweg: Eine unabhängige, alteingesessene Wiener Küche hat es im wahren Sinne des Wortes eigentlich noch nie gegeben. Die Spezialitäten der Stadt sind in den meisten Fällen äußerst lebendige Mischungen aus diversen kulinarischen Einflüssen der ehemaligen Kronländer der Donaumonarchie. Die typischste Spezialität ist ohne Zweifel das **Wiener Schnitzel** aus Kalbfleisch (oder oft auch aus Schwein, Pute oder Hühnerfleisch), das man hier flach geklopft – also dünn – und trocken, also ohne Soße liebt. Im Grunde genommen ist es aber, wenn auch nur mit knirschenden Zähnen zugegeben, eine Abwandlung der *Scaloppina Milanese* und kommt so ursprünglich aus Norditalien.

Schnitzel. Die Stadt verfügt über unzählige Kaffeehäuser, sodass man nie lange suchen muss, um mal kurz alle Fünfe grade sein zu lassen. Aber nicht nur dazu sind sie gut! Ob in der mondänen Innenstadt oder in den äußeren Bezirken, das Kaffeehaus spiegelt immer ein bisschen des örtlichen Lokalkolorits wieder und eignet sich somit auch bestens zum Beobachten und Staunen.

Wer wienerisch essen möchte, der sollte vornehmlich eines der zahlreichen und immer noch äußerst populären **Gast- oder Wirtshäuser** – im Volksmund **Beisln** genannt – aufsuchen, denn nur hier gibt es die wirklich authentischen Schmankerln. Es ist mittlerweile übrigens eine Art mediterran inspirierter Gastronomiesport bei etwas Sonne das Lokal auf den Bürgersteig auszudehnen und mit ein paar Tischen und Stühlen einen sog.

Und es geht weiter: Das Gulasch brachten die Ungarn, den Strudel – in Wien vor allem als *Topfen-* (Quark) oder Apfelstrudel beliebt – die Türken und die *Golatschen* (gefüllte Germbutterteigtaschen), *Palatschinken*

■ SMOKER'S GUIDE

Noch wird in vielen Wiener Cafés, Kneipen und Restaurants zumindest in bestimmten Bereichen geraucht. Das österreichische Nichtrauchergesetz sieht vor, dass in größeren Lokalen ein Raucherbereich abgetrennt werden kann (der allerdings nicht mehr als 50 % der gesamten Fläche ausmachen darf), dafür können Wirte in Lokalen mit weniger als 50 m² Grundfläche selbst entscheiden, ob sie rauchfrei oder „verraucht" sein möchten. Trotz heftigem Protest aus Brüssel, dürfte sich daran auch in Zukunft nicht viel ändern.

(Pfannkuchen) und Knödel (meist aus alten *Semmeln,* Brötchen, zubereitet und daher Semmelknödel genannt) kamen aus Böhmen etc. Dennoch wurden all diese Gerichte in Wien nicht nur einfach übernommen, sondern den lokalen Geschmacksnerven angepasst – ein Grund, warum das Wiener Gulasch (Rindfleisch im dicken Zwiebel- und Paprikasaft gekocht) oder das Fiakergulasch (Gulaschsaft mit Würstchen und einem Spiegelei) eben doch ganz anders schmeckt als das *Pörkölt* in Budapest oder Szeged und man auch aus Mailand kommt, um ein typisches Wiener Schnitzel zu kosten. Dazu isst man übrigens meist nur Salat, und zwar am liebsten aus Erdäpfeln (Kartoffeln).

▶ *In Wien ist die Diät schnell vergessen ...*

◀ *Das leckerste Wahrzeichen der Stadt - ein original Wiener Schnitzel*

Charakteristisch wienerisch ist weiterhin der **Tafelspitz**, ein aus gekochtem Rindfleisch, Schnittlauchsoße, Dillrahmfisolen (Bohnen) und kleinen gekochten Salzkartoffeln oder Spinat bestehendes Gericht, zu dem traditionell geriebener Apfel- oder Semmelkren (Meerrettich) serviert wird. Für Nicht-Wiener meist gewöhnungsbedürftig sind *Beuschel* (ein Ragout aus Kalbslunge mit einer sauren Rahmsoße und Semmelknödeln), gebackene Leber (meist paniert) oder Zwiebelrostbraten. Geradezu einfach dagegen sind Alltagsgerichte der Hausmannskost wie *Schinkenfleckerl* (quadratische Nudeln mit Schinkenstückchen) oder *Eiernockerln* (kleine Klöße, die mit Ei in der Pfanne angebraten werden).

Als **Vorspeise** bekommt man in Wiener Gasthäusern traditionell Rindssuppe, die wahlweise mit Backerbsen, *Frittaten* (geschnittene Pfannkuchen), Leberknödeln oder Grießnockerln (Grießklößchen) serviert werden.

Wirklich weltberühmt ist die Wiener Küche aber auch aufgrund ihrer herrlichen **Mehlspeisen.** Dazu gehören der *Kaiserschmarrn* (ein luftiger, in viele Teile zerteilter Pfannkuchen mit Puderzucker und Kompott), diverse

O22wi Abb.: mw

süße Knödel wie *Germknödel* (mit Pflaumenmus gefüllte Hefeteigknödel) oder *Marillenknödel* (mit Aprikosen gefüllte Quarkteigknödel), *Powidltascherln* (mit Pflaumenmus gefüllte Teigtaschen) und selbstverständlich die Sachertorte, eine Schokoladentorte mit Marillenmarmelade im Inneren und Schokoladenglasur über dem Teig, die 1832 von Franz Sacher am Hofe des Fürsten Metternich erfunden wurde.

EMPFEHLENSWERTE KAFFEEHÄUSER UND EISCAFÉS

49 [G6] **Café Alt Wien**, Bäckerstraße 9, Tel. 01 5125222. Ein außergewöhnlicher Ort, der durch seinen improvisiert-abgenutzten Charme besticht und perfekt zum Abhängen und Wien-mal-für-ein-paar-Stunden-Wien-sein-lassen geeignet ist.

50 [F6] **Café Central** @@, Strauchgasse/Ecke Herrengasse 17, Tel. 01 5333763–26, www.palaisevents.at. Das Café Central ist historisch gesehen der Treffpunkt der Literaten – oder treffender der Kaffeehausliteraten – des ausgehenden 19. und des anfangenden 20. Jh. gewesen. Zwar lässt sich das damalige Flair heute kaum noch erahnen, eine geschichtsträchtige Adresse mit hervorragenden hausgemachten Mehlspeisen ist das elegante, im Stil der Neorenaissance gestaltete Central aber immer noch.

51 [G6] **Café Diglas**, Wollzeile 10, Tel. 01 5125765, www.diglas.at. Elegant

---

WLAN-Hotspots

Lokalitäten mit WLAN-Hotspots sind hier mit @@ gekennzeichnet. Umfassende Listen von Hotspots findet man im Internet unter www.freewave.at/hotspots.

---

gestaltetes Kaffeehaus mit einer umfangreichen Frühstückskarte und äußerst leckeren Torten. Mittags auch verschiedene Menüs.

52 [E7] **Café Europa** @@, Zollergasse 8, Tel. 01 5263383, www.hinterzimmer.at. Junges, lebendiges Café, in dem auch spät nachts noch gegessen und getrunken werden kann. Geradezu grandios ist außerdem das Frühstücksbüffet am Sonntag.

53 [G6] **Café Frauenhuber**, Himmelpfortgasse 6, Tel. 01 5128383, www.cafefrauenhuber.at, Mo.–Sa. 8–24, So. 10–22 Uhr. Das älteste noch bestehende Café Wiens ist durch sein durchweg altmodisches Interieur gleichzeitig auch eines der gemütlichsten. Große Auswahl an Wiener Spezialitäten, und zwar süß und salzig.

54 **Café Gloriette**, Schlosspark Schönbrunn, Tel. 01 8791311, www.gloriette-cafe.at. Zumindest was die Aussicht angeht, ist das Café Gloriette nicht zu schlagen. Neben normalen Kaffeehausangeboten gibt es Sa. und So. ab 9 Uhr das legendäre Sisi Buffet.

55 [G6] **Café Hawelka**, Dorotheergasse 6, Tel. 01 5128230, www.hawelka.com. Das berühmte, von Georg Danzer besungene Café der Künstler und Lebenskünstler mit seinen dunklen Möbeln und den mit Plakaten gespickten vergilbten Wänden wird mittlerweile auch gern von Touristen aufgesucht. Ob zum Kaffee, zu einem kleinen Imbiss oder ab 22 Uhr für die beliebten *Buchteln* (süße gebackene Hefeknödel) ist es nach wie vor einen Besuch wert.

56 [G6] **Café Korb**, Brandstätte 9, Tel. 01 5337215, www.cafekorb.at. Unter den Einheimischen eine der beliebtesten Adressen der Inneren Stadt. Stilvoll gestaltetes Interieur im Sinne einer 1960er-Jahre-Lounge. Neben dem vielleicht besten Kaiserschmarrn überhaupt gibt es durchgehend warme Küche.

019wi Abb.: mw

○**57** [F6] **Café Landtmann** @@, Dr.-Karl-Lueger-Ring 4, Tel. 01 24100111, www.cafe-wien.at. Ein Klassiker unter den Cafés! Ob zur Verköstigung der Mehlspeisen aus hauseigener Konditorei, dem Probieren der Leckereien der lokalen Küche oder zum Frühstücken (bis 11.30 Uhr), das Café Landtmann bietet so ziemlich alles. Beliebter Treffpunkt von Schauspielern und Zuschauern aus dem nahe gelegenen Burgtheater, aber auch Touristen sind hier zahlreich anzutreffen.

○**58** [H6] **Café Prückel** @@, Stubenring 24, Tel. 01 5126115, www.prueckel.at. Ausgesprochen geräumiges, hohes Café, in dem man aufgrund der vielen Tische selten lange auf einen Platz warten muss. Warme Küche, große Vitrine mit Mehlspeisen und hier finden auch häufig Lesungen, Konferenzen oder Präsentationen statt. Mo., Mi. und Fr. ab 19 Uhr Klaviermusik live.

○**59** [G7] **Café Sacher**, Philharmonikerstraße 4, Tel. 01 51456661, www.sacher.com. Der Garten Eden für Sachertorten-Liebhaber hat so ziemlich alles, was das Süßmäulchen erfreut. Hier im Café des Hotel Sacher (s. S. 118) werden neben der weltberühmten Original Sachertorte – 350.000 werden im Jahr davon produziert! – auch andere exquisite Leckerbissen angeboten.

○**60** [G7] **Café Schwarzenberg**, Kärntner Ring 17, Tel. 01 512899813, www.cafe-schwarzenberg.at. Ein Café der oberen Klasse, mit üppiger Ledereinrichtung und verspiegelten hohen Wänden. Gute warme Küche, kalte Imbisse und ein reichhaltiges Angebot an süßen Verführungen. Mi., Fr., Sa. und So. ab spätem Nachmittag Violin- und Klavierkonzerte.

▲ *Einfach gemütlich –*
das Café Prückel am Stubentor

KLEINES WIENER KAFFEE-ABC

Zwar ist es keine Wissenschaft, einen Kaffee zu bestellen - und das gilt auch mehr oder minder in einem Wiener Kaffeehaus -, trotzdem „outet" man sich schnell als Auswärtiger, wenn man hierzu nicht einige Grundregeln kennt. Es war 1683, als die besiegten Türken nach der fehlgeschlagenen Belagerung von dannen zogen und man in ihren verlassenen Zeltsiedlungen Säcke mit bis dahin unbekannten Bohnen fand, die die Wiener zunächst für Kamelfutter hielten. Als man herausfand, welch herrlich „berauschenden" Göttertrunk man aus diesen Böhnchen zubereiten kann, wurde der Kaffee (in Wien immer endbetont ausgesprochen) schnell zum wahrhaftigen Dauerbrenner! Der Wiener bestellt aber nicht öde Kaffee schlechthin, sondern man drückt sich raffinierter aus.

*Zu den beliebtesten Varianten gehören: ein kleiner oder großer **Mokka** bzw. **Schwarzer** (einfacher oder doppelter Espresso), ein kleiner oder großer **Brauner** (Mokka mit Milch), ein **Verlängerter** (also ein Mokka mit etwas mehr Wasser), ein **Einspänner** (ein Mokka im Glas mit viel Schlagobers - Sahne - und Staubzucker), ein **Kapuziner** (wie der Einspänner, nur mit wenig Schlagobers), eine **Melange** (ähnlich dem Cappuccino) oder ein **Franziskaner** (Melange mit Schlagobers statt Milch). Die Milch und (beim Verlängerten) das heiße Wasser werden übrigens immer gesondert serviert, sodass man sich das Mischverhältnis selbst bestimmen kann. Geradezu obligat ist dazu auch immer das Glas Leitungswasser, von dem der Ober (Kellner) auf Wunsch auch nach bringt.*

○**61** [E7] **Café-Restaurant Servus,** Mariahilfer Straße 57–59, Tel. 01 5876392, www.servus-cafe.at. Beliebtes und empfehlenswertes Alt-Wiener Café. Das gemütliche Ambiente eignet sich perfekt für eine Kaffeepause oder ein warmes Mittagessen, um für weitere Shoppingeskapaden neue Kraft und Energie zu tanken.

○**62** [H6] **Eissalon am Schwedenplatz,** Franz-Josefs-Kai 17, Tel. 01 5331996, geöffnet: März–September. Unter den etwa 105 Sorten (!) gibt es hier Eis aus biologischer Milch, Diabetikereis und sogar veganes Eis. Geradezu himmlisch ist z. B. Nocciolone, Mango oder das Topfeneis!

○**63** [G6] **Eissalon Tuchlauben,** Tuchlauben 15, Tel. 01 5332553, geöffnet: Mitte März–Ende September. Einfach verführerisch – die langen Schlangen

sprechen für sich! Alleine über 20 saisonale Spezialitäten (teils mit frischem Obst garniert).

○**64** [G6] **Kleines Café,** Franziskanerplatz 3. Das vom Wiener Architekten Hermann Czech gestaltete Kleine Café gilt trotz seiner gemütlichen Atmosphäre und dem leckeren Mokka noch immer als echter Geheimtipp. Neben nur wenigen Plätzen im Inneren werden an sonnigen Tagen auch auf dem Platz davor Stühle und Tische aufgebaut.

○**65** [G6] **k. u. k. Hofzuckerbäcker Ch. Demel's Söhne,** Kohlmarkt 14, Tel. 01 5351717, www.demel.at. Ein Besuch im ultimativen Süßspeisen-Mekka Wiens ist nicht nur für Torten- und Kuchenliebhaber ein Muss, denn auch das Dekor des ehemaligen Hoflieferanten ist definitiv „ganz großes Kino". Neben diversen

021wi Abb.: dk

EXTRATIPP

Zeitungen gefällig?

In Wiener Kaffeehäusern liegen immer aktuelle Zeitungen wie die Kronenzeitung, der Kurier, Der Standard und Die Presse kostenlos aus. Außerdem die Stadtzeitung „falter" und häufig auch deutsche und Schweizer Printmedien. Man kann somit bei einer morgendlichen Tasse Kaffee Informationen zu Aufführungen in Oper, Konzerthäusern und Theatern oder zum Kinoprogramm bekommen.

klassisch eingerichteten Räumen gibt es eine Schaubackstube (kein Blitzlicht!). Nicht billig.

○**66** [G6] **Zanoni & Zanoni**, Lugeck 7, Tel. 01 5127979, www.zanoni.co.at. Besonders sind hier – neben den Kreationen der über 30 Eissorten (z. B. grüner Apfel) – die Öffnungszeiten, denn der Zanoni & Zanoni hat ganzjährig tgl. 7–24 Uhr geöffnet.

EMPFEHLENSWERTE LOKALE

Wiener Küche

In den folgenden Etablissements wird man fündig, wenn es um echte Wiener Spezialitäten gehen soll.

◐**67** [E7] **Amerlingbeisl** €, Stiftgasse 8, Tel. 01 5261660, www.amerlingbeisl.at. Bei angenehmen Temperaturen ist das Amerlingbeisl durch seinen idyllischen

Garten mit hydraulischem Dach ohne Frage die beste Adresse im Biedermeierviertel Spittelberg **30**. Österreichische Küche, viel junges Publikum.

◐**68** [G6] **Figlmüller** €€–€€€, Wollzeile 5 (in der Passage), Tel. 01 5126177, www. figlmueller.at. Eines der traditionsreichsten Wiener Beisln mit dem sagenumwobenen, vielleicht weltweit einzigartigen hauchdünnen Riesenschnitzel. Hier tummeln sich viele Touristen. Trotz der manchmal etwas rauen Abfertigung durch die Ober gastronomisch ein echter Hit. Es gibt noch eine Figlmüller-Filiale um's Eck in der Bäckerstraße 6.

PREISKATEGORIEN

Angaben für ein Hauptgericht pro Person ohne Getränk:

€	bis 10 €
€€	10–15 €
€€€	über 15 €

▲ *Das berühmteste Schnitzellokal versteckt sich in einer Passage, dessen Eingang aber nicht zu übersehen ist*

THE ART OF WÜRSTEL

023wi Abb.: dk

Was heißt Fast Food auf Wienerisch? Ganz einfach: Würstelstand! Über praktisch die ganze Stadt verteilt (angeblich gibt es 869 an der Zahl) findet man sie, die kleinen Imbissbuden, an denen sich ob vormittags, ob spät in der Nacht Wiener aller Gesellschaftsschichten einfinden, um ein schnelles Würstel zu sich zu nehmen. Und - man möge es dem Autor glauben! - das ist in der Regel eine echte gastronomische Offenbarung. Allerdings muss man dazu ein bisschen Grundwissen mitbringen. Zwar bekommt man am Würstelstand mittlerweile auch solch unwienerische Gaumenfreuden wie Hotdog oder Currywurst, der echte Connaisseur bestellt dagegen eine „Käsekrainer" (also eine mit Käse gefüllte Schweinerindswurst), „Burenwurst" (grobe Brühwurst), „Frankfurter" (Wiener), „Waldviertler" (geräucherte Fleischwurst), „Debreziner" (geräucherte Wurst mit edelsüßem Paprika gewürzt in heißem Wasser gekocht) oder eine „Bosna" (gewürzte Bratwurst mit Senf und Zwiebeln im aufgeschnittenen Weißbrot). Serviert werden diese übrigens immer auf dem obligaten Pappteller, mit süßem oder scharfem Senf oder wahlweise Ketchup sowie einem Stück Brot oder einer „Semmel" (Brötchen). Daneben gibt es in Öl eingelegte „Pfefferoni" (Peperoni) verschiedener Schärfegrade, Salz- oder Essiggurken und geriebenen „Kren" (Meerrettich), aber natürlich auch Getränke.

Um amtierende Master-of-the-Art-of-Würstel zu erleben, empfiehlt sich ein Besuch an einem der besten und beliebtesten Würstelstände zwischen Würshtington und Wladiwürstok: z. B. an dem am Hohen Markt (Nähe Judengasse ❹), unweit der Ankeruhr, am Schwedenplatz ❻, direkt bei der U-Bahn-Station, am Schwarzenbergplatz, bei der Oper (Kärntner Straße/Ecke Ringstraße) ⓬ sowie an dem vom österreichischen Architekten und Designer Hans Hollein entworfenen Stand vor der Albertina ⓭.

🍴69 [E7] **Gasthaus am Spittelberg** €€, Spittelberggasse 5, Tel. 01 5234705, www.gasthausamspittelberg.at. Alt-Wiener Küche in einem Alt-Wiener Gasthaus. Neben der umfangreichen Karte ist auch das heimelige Interieur mit der historischen Theke ein Erlebnis. Große Weinauswahl.

🍴70 [H7] **Gmoa Keller** €€, Am Heumarkt 25, Tel. 01 7125310. Unweit des Intercontinental Hotels liegt dieses urige Wiener Beisl, mit reichlich Schmankerln, darunter auch durchaus ausgefallene Köstlichkeiten der böhmisch inspirierten Küche.

🍴71 [G6] **Gösser Bierklinik** €€, Steindlgasse 4, Tel. 01 5356897, www.goesserbierklinik.at. Im ehemaligen Güldenen Drachen – einem der historischen Wirtshäuser der Stadt – bekommt man in mehreren geräumigen, im ländlichen Stil gestalteten Räumen traditionelle Spezialitäten, aber auch kontinentale Kost kredenzt. Wochentags gibt es mittags zwei Tagesmenüs.

🍴72 [E7] **Lux** €€, Schrankgasse 4, Tel. 01 5269491, www.lux-restaurant.at. Café und Restaurantbetrieb in einem tageslichtdurchfluteten Wintergartenanbau mitten im Herzen des Spittelbergs ③⓪. Urbane Wiener Szeneküche, mittags Tagesteller und Menü zu fairen Preisen.

🍴73 [H6] **Österreicher im MAK** €€, Stubenring 5, Tel. 01 7140121, www.oesterreicherimmak.at. „Altbekanntes neu erfunden" bezeichnet wohl am besten, was Meisterkoch Helmut Österreicher in diesem, einer französischen Brasserie nachempfundenen Gasthaus auf die Teller bringt. Klassische Wiener Küche wird hier modern zubereitet, ohne dass dabei die Authentizität leidet. Neben der Karte gibt es einen täglich wechselnden MAK-Tagesteller.

🍴74 [H6] **Plachutta** €€€, Wollzeile 38, Tel. 01 5121577, www.plachutta.at. Traditionsreiches Paradies für all diejenigen, die es nach Fleisch gelüstet. Besonders gut ist das gekochte Rindfleisch in Form des legendären Wiener Tafelspitz. Aber auch andere Spezialitäten sind durchaus empfehlenswert.

🍴75 [G6] **Reinthaler's Beisl** €, Dorotheergasse 4, Tel. 01 5131249. In diesem gemütlichen, holzgetäfelten Beisl mit mehreren kleinen Sitzecken gibt es rustikale Wiener Küche. Einheimische lieben vor allem die gar köstliche gebackene Leber, aber auch sonst ist das Essen beim Reinthaler nicht „von schlechten Köchen".

🍴76 [J5] **Schweizerhaus** €-€€, Prater 116, Tel. 01 7280152, www.schweizerhaus.at, geöffnet: 15. März–31. Oktober. Vor allem wegen des 1800 Personen fassenden Gastgartens und der extrem knusprigen *Stelze* (Eisbein) ist das Schweizerhaus die spektakulärste Adresse wenn es ums Essen im Prater geht. Die Speisen sind durchwegs böhmisch inspiriert. Bierfans werden auch das Budweiser vom Fass nicht verschmähen!

🍴77 [E7] **Zu den 2 Lieserln** €, Burggasse 63, Tel. 01 5233282, www.2lieserln.at. Unter Experten oft als *das* Schnitzellokal (Pute oder Schwein) schlechthin bezeichnet. Aber auch sonst reichlich Gutes aus der Wiener Küche, und das bei immer riesigen Portionen und niedrigen Preisen. Ein kulinarisches Erlebnis, das das Prädikat „echt Wien!" verdient!

🍴78 [F8] **Zum Alten Fassl** €, Ziegelofengasse 37, Tel. 01 5444298, www.zum-alten-fassl.at. Noch mehr Wien als in diesem urigen Beisl geht kaum. Ob Wild, Gans, *Beuschel* (Kalbslungenragout), *Blunzngröstel* (gebratene Blutwurst) oder auch vegetarische Speisen – wirklich ein Gedicht.

◄ *„A Haaße mit am Schoafn" – eine Heiße mit scharfem Senf – ist für viele Wiener das Lebenselixier schlechthin*

Toplokale

Wie die Überschrift vermuten lässt: Hier zahlt man meist kräftig, allerdings für gute Qualität, ordentliche Portionen und hervorragenden Service. Für ein Hauptgericht sollte man mit 20–35 Euro rechnen, allerdings gibt es auch hier häufig Menüs zu Fixpreisen.

79 Lusthaus €€€, Freudenau 254, Tel. 01 7289565, www.lusthaus-wien.at. Am Ende der Hauptallee im Prater **24** liegt dieses Jagdschlösschen im josephinischen Stil. Man speist hier vornehmlich mittags an einem schönen Tag im nostalgisch anmutenden Inneren oder auf der großzügigen Terrasse. Serviert wird gehobene österreichische Küche und Süßes aus der eigenen Konditorei. Nur von Mai bis September geöffnet. Alternativ steht das Alte Jägerhaus gegenüber zur Verfügung.

EXTRATIPP

Lecker vegetarisch

Bei all der fleischlastigen Wiener Kost mag einem schnell mal der Sinn nach fleischlosem stehen. In den meisten Restaurants Wiens, aber speziell im **Amerlingbeisl** (s. S. 29), **Gmoa Keller** (s. S. 31), **Lusthaus** (s. o.), **Österreicher im MAK** (s. S. 31), **Steirereck** (s. S. 33) oder im **Zum Alten Fassl** (s. S. 31) findet man vegetarische Leckerbissen. Und zwar ganzjährig mit saisonalen Extras wie zur Eierschwammerl-(Pfifferlinge) oder Marchfelder Spargelzeit. Weiterhin bieten so ziemlich alle in diesem Buch empfohlenen Kaffeehäuser vegetarische Speisen an und selbst an den Theken der Heurigen gibt es reichlich Fleischloses wie Salate, eingelegtes Gemüse oder Brotaufstriche (z. B. Liptauer aus Quark und Paprika).

Dinner for one

Wer alleine unterwegs ist, der kann in praktisch jedem hier erwähnten Lokal sorgenlos speisen. Besonders angenehm unter den Wiener Lokalen sind dabei das **Lux** (s. S. 31), der **Figlmüller** (s. S. 29), der **Plachutta** (s. S. 31) und das **Zu den 2 Lieserln** (s. S. 31). Und wer nicht mehr alleine bleiben will? Kein Problem! Die Wiener sind in der Regel äußerst redselig und scheuen sich nicht, mit Fremden ins Gespräch zu kommen. Wichtig ist es dabei, nicht zu ernst und seriös zu sein, sondern diesen spontanen Treffen mit Humor – dem berühmten Wiener „Schmäh" – zu begegnen. So ziemlich alle Pubs und Kneipen des „Bermudadreiecks" **4**, aber auch das **1516 Brewing Company** (s. S. 36) oder die **Shultz American Bar** (s. S. 37) eignen sich, um allein einen Drink zu heben und dabei vielleicht mit „echten Eingeborenen" ins Gespräch zu kommen. Nur Mut!

Lokale mit guter Aussicht

Wer mit Weitblick speisen möchte, dem seien zuallererst das **Lusthaus** (s. o.) im grünsten Teil des Praters, das **Restaurant DO & CO** (s. S. 33) mit garantiertem Stephansplatzpanorama, das **Steirereck** (s. S. 33) im Stadtpark und das **Café Gloriette** (s. S. 26), etwas erhöht inmitten des Schlossparks Schönbrunn gelegen empfohlen. Für einen Drink empfiehlt sich die **Skybar** im Kaufhaus Steffl (s. S. 23).

Für den späten Hunger

Nach einem Klubbesuch ist es in Wien nicht gerade ein Leichtes, in angenehmer Umgebung etwas zum Essen aufzutreiben. Mit die einzigen Ausnahmen indoor bieten das **Café Europa** (s. S. 26) und einige Lokale in der Schleifmühlgasse und im „Bermudadreieck" **4**, in denen die Küchen jeweils bis 4 Uhr morgens geöffnet haben. Als Alternative gibt es außerdem die **Würstelstände** (s. S. 30).

🍴**80** [G6] **Restaurant DO & CO** €€€, Stephansplatz 12, Tel. 01 5353959, www.doco.com. Der Gourmettempel des Gastronomen Attila Dogudan ist ein Allround-Fest für die Sinne. Mit Blick auf den Stephansdom speist man hier im schlichten, aber repräsentativen Ambiente so attraktiv wie sonst kaum irgendwo in der Inneren Stadt. Die Küche ist ein Potpourri aus asiatischen und Wiener Spezialitäten mit einem leicht nordamerikanischen Einschlag.

🍴**81** [H7] **Steireck** €€€, Am Heumarkt 2, Tel. 01 7133168, www.steireck.at. Zweifelsohne eines der besten Restaurants Österreichs! Das im Neo-Design gehaltene Restaurant in der alten Meierei des Stadtparks (s. S. 47) – mit nettem Blick auf den Wienfluss – serviert zeitgemäße österreichische Nouvelle Cuisine in hoher Qualität. Und wer nach dem angebotenen 6-Gänge-Menü (98 €) noch Hunger haben sollte, auf dem Käsewagen sind 150 (!) Sorten von Appenzeller bis Ziger zu verkosten!

In Wien kocht die Welt

Die Wiener Küche ist vielleicht nicht jedermanns Sache und nach ein paar Tagen sehnt man sich vielleicht nach etwas Exotik, daher hier ein paar Adressen von Lokalen, die geschmacklich weit weg von der Donau führen.

🍴**82** [G6] **Bodega Marqués** €€–€€€, Pariserring 1, Tel. 01 5339170, www.bodegamarques.at. Der beste Spanier Wiens! Kaum ein bekannter Wein Iberiens, der sich nicht auf der Karte findet und die extravaganten Tapaskreationen sind schlichtweg die Wucht.

🍴**83** [F5] **Der Wiener Deewan** €, Liechtensteinstraße 10, Tel. 01 9251185. Pakistanische Currys im urban-stylishen Dekor. Man bedient sich am Büffet selbst – viele vegetarische Gerichte – und es gibt eine unkonventionelle Preispolitik: Jeder zahlt für das Essen nur, wie viel er will

bzw. als angemessen empfindet (Getränke haben Fixpreise).

🍴**84** [F7] **I Ragazzi** €, Burggasse 6–8, Tel. 01 5226325, www.iragazzi.at. Super Holzofenpizza und leckere Pasta gibt es in dieser lebendigen Trattoria. Neben ausgewählten Weinen bekommt man original italienischen Schinken, der auf der alten Schneidemaschine vor den Gästen hauchdünn geschnitten wird.

🍴**85** [H6] **Indochine 21** €€€, Stubenring 18, Tel. 01 5137660, www.indochine.at. Wer elegant asiatisch speisen möchte, der ist hier richtig. Eine Fusion aus südostasiatischer und französischer Küche in einem der stilvollsten Restaurants der Stadt; allerdings hat das seinen Preis.

🍴**212** [D6] **Kent** €€, Brunnengasse 67, Tel. 01 4059173, www.kent-restaurant.at. Wiens größtes und lebendigstes türkisches Lokal besticht durch seine Authentizität.

🍴**86** [F7] **Naschmarkt Deli** €, Naschmarkt Stand 421–436, Tel. 01 5850823. Im südwestlichen Teil des Naschmarktes liegt dieses unter jungen Leuten äußerst beliebte Lokal, in dem es neben Bagels, Wraps, Salaten und orientalisch angehauchten kleinen Gerichten auch eine Espresso-Bar und am Wochenende sogar Live-DJs gibt.

🍴**87** [D8] **Yellow** €€, Bürgerspitalgasse 29, Tel. 01 5951191, www.yellow.co.at. Spezialitäten aus Südostasien gibt es in diesem aufwendig gestylten In-Asiaten. Ins Yellow verschlägt es ob der hervorragenden Cocktails übrigens nicht nur Stäbchenfetischisten.

Der kleine Snack für Zwischendurch

Es muss ja nicht immer Schnitzel oder Gulasch sein! Wien verfügt über viele Lokalitäten, in denen man auch mal schnell den kleinen Hunger bekämpfen kann. Die beiden bekanntesten sind:

WIENS FEUCHT-FRÖHLICHE SEITE – AUSG'STECKT IS!

Zumindest unter Weintrinkern dürfte in Wien immer noch ein Kaiser der vergangenen Donaumonarchie besonders beliebt sein: Kaiser Joseph II. Es war nämlich er, der im Jahre 1784 verordnete, dass Weinhauer – der österreichische Begriff für Winzer – selbst angebauten Wein im eigenen Haus ohne besondere Lizenz ausschenken dürfen. Bis heute findet man hier die Heurigenlokale, nach dem Heurigen genannten Jungwein bezeichnete Weinschänken. Neben Wein werden kalte Snacks, oft auch warme Speisen verkauft. Beim Heurigen herrscht in der Regel – dem Alkoholspiegel der Gäste entsprechend – eine heitere, oftmals direkt ausgelassene Stimmung, die häufig mit volkstümlicher Livemusik – die sog. Schrammelmusik – angeheizt wird. Und somit ist ein Besuch in einer dieser Schänken durchaus ein ganz besonderes wienerisches Erlebnis. Aber Vorsicht: die Lokale – sieht man von den touristischeren in der Inneren Stadt und in Grinzing 35 ab – haben normalerweise nicht ganzjährig geöffnet, sondern nur einige Wochen pro Saison, in denen der Weinhauer als Erkennungszeichen einen Föhrenzweig am Eingang aussteckt. Ist man nicht gerade eh in der Gegend, ist ein Kontrollanruf, ob bei der entsprechenden Lokalität „ausg'steckt is", folglich unbedingt zu empfehlen.

🕭88 [G6] **Schwarzes Kameel**, Bognergasse 5, Tel. 01 5338125, www.kameel. at. Dieses im Jugendstil gestaltete Nobelrestaurant verfügt im vorderen Bereich – neben einer Feinkosthandlung – über einen Stehimbiss mit sagenhaften Brötchen (0,95–3 €), Sandwichs (vor allem die mit Schinken), aber auch täglich wechselnden Suppen.

🕭89 [G6] **Trześniewski**, Dorotheergasse 1, Tel. 01 5123291, www.speckmitei.at. Die kultig unaussprechlich guten Brötchen sind eine „Wiener Institution". In diesem Lokal erhält man an der Theke kleine, mit verschiedenen Pasteten und Aufstrichen angerichtete Brote (0,90–2,50 €), die man dann an Stehtischen genüsslich verschlingt. Die optimale Stärkung für zwischendurch. Traditionell trinkt man dazu einen *Pfiff* (ein 0,1 l Glas frisch gezapftes Bier). Trześniewski-Outlets gibt es auch auf dem Rochusmarkt (s. S. 22) und in der Mariahilfer Straße 95 **29**.

Heurigenlokale

Die höchste Heurigendichte Wiens liegt in Grinzing und Stammersdorf, aber auch in der Inneren Stadt kann man sich einen Einblick und „Eintrink" in diesen einmalig wienerischen Zeitvertreib verschaffen. Preislich sollte man für ein bis zwei Viertelliter Wein und ein paar kleine Snacks beim Heurigen mit ca. 8–15 € pro Person rechnen.

🕭90 [Karte I] **Altes Presshaus**, Cobenzlgasse 15, Tel. 01 3200203. Die älteste Weinschänke Grinzings **35** ist ein freundlicher Familienbetrieb mit Weinen aus eigenem Anbau. Jeden Abend gibt es Livemusik, einen gewaltigen Gastgarten und für die Kleinen einen Spielplatz.

🕭91 [G6] **Augustinerkeller**, Augustinerstraße 1, Tel. 01 5331026, www.bitzinger. at. Eine Mischung aus Heurigem und Restaurant, wo man außer dem Büffet auch Essen à la carte bekommt. An sich eine angenehme und zentrale Adresse, in der Hauptsaison kann es durch die zahlreichen Touristengruppen aber recht voll werden.

📍92 [G6] **Esterházykeller,** Haarhof 1, Tel. 01 5333482, www.esterhazykeller.at. Wie der Name erahnen lässt, befindet sich dieser Stadtheurige in der Tiefe, und zwar in einem riesigen, aus mehreren Extraräumen bestehenden Volkskeller. Besonders im Herbst und Winter ein Erlebnis der Extraklasse, und das mitten im Zentrum!

📍93 [Karte I] **Mayer am Pfarrplatz,** Pfarrplatz 2, Tel. 01 3701287, www.mayer.

EXTRATIPP

*Stammersdorf –
ein Stück echtes Wien*

Eine der definitiv authentischsten Heurigengegenden Wiens ist das malerisch am Südosthang des Bisambergs, also schon fast in Niederösterreich, gelegene Stammersdorf. Es mag daran liegen, dass man ein bisschen „unterwegs" ist, bis man den letzten Bezirksteil von Floridsdorf – dem 21. Gemeindebezirk – im äußersten Nordosten der Stadt erreicht, dass hier noch ein bisserl der „alten Zeit" tickt. Folglich erlebt man in Stammersdorf noch etwas der **wahren Seele Wiens** wie sonst nur mehr an wenigen Orten. Die meisten Heurigen befinden sich im alten Dorfkern westlich der zunehmend verbauten Brünner Straße in der Stammersdorfer Straße. In dieser Gegend gibt es an die 30 Lokale und Buschenschänken, von denen im Besonderen der **Heurige Wieninger** (Tel. 01 2924106) auf der Nr. 78 und der **Winzerhof Leopold** (Tel. 01 2921356) auf der Nr. 18 empfohlen werden müssen. Nicht ganz so viel Trubel herrscht in der nach Norden verlaufenden Stammersdorfer Kellergasse, wo unter mehreren Lokalen speziell der **Heurige Göbel** (Tel. 01 2948420) auf der Nr. 151 mit schönem Gastgarten heraussticht.

❯ Straßenbahnhaltestelle Stammersdorf (Linien 30 ab Floridsdorf oder 31 ab Schottenring und Floridsdorf) von dort ca. 550 m zu Fuß; ansonsten per Taxi ab der U-Bahn-Haltestelle Leopoldau

pfarrplatz.at. Edelheuriger in einem romantischen alten Bauernhaus, in dem 1817 Beethoven wohnte und das seither angeblich von außen unverändert geblieben ist. Spitzenweine, die schon so manche Medaille gewonnen haben. Tgl. zw. 19 und 24 Uhr Heurigenmusik live.

📍94 [Karte I] **Weinhof Zimmermann,** Mitterwurzergasse 20, Tel. 01 4401207, www.weinhof-zimmermann.at. Mitten in den Weinbergen am Rande Wiens gelegen, ist dieser Heurige mit großem Naturgastgarten die Topadresse in Sachen Erholung im Grünen. Sehr kinderfreundlich mit Spielplatz und etlichen Kleintieren.

📍95 [A5] **10er Marie,** Ottakringer Straße 222–224, www.fuhrgassl-huber.at, Tel. 01 4894647. Dieser rustikale Heurige, im anno 1740 gebauten Gewölbe gelegen, ist einer der beliebtesten Wiens. Allerdings liegt er etwas außerhalb im 16. Bezirk (U-Bahn-Station Ottakring, danach 3 Min. zu Fuß oder Straßenbahn Linie 2 bis Johannes-Krawarik-Gasse).

📍96 [G6] **Zwölf-Apostelkeller,** Sonnenfelsgasse 3, www.zwoelf-apostelkeller.at, Tel. 01 5126777. Auch dieser Heurige liegt unter der Erde. Reiches Büffet und mittwochs bis freitags ab 19 Uhr lebhafte Heurigenmusik.

WIEN AM ABEND

„Hoiba zwöfe, die Stimmung ist dahin, weil um hoiba zwöfe is' finster in mein Wien ..." sang Austropopper Wolfgang Ambros 1976 in seinem Lied „Hoiba zwöfe" (Halb zwölf) und zog darin das Wiener Nightlife nach Strich und Faden durch den Kakao. Seitdem hat sich ordentlich was getan und an der schönen blauen Donau geht seit vielen Jahren auch wieder zu später Stunde noch ganz gewaltig die Post ab. Ob Kneipen, Bars, Livemusik, Klubs oder Discos – Wien rockt!

024-wi Abb.: mw

NACHTLEBEN

Die Gegenden mit den „kürzesten Nächten" – aber trotzdem Ü30-tauglich – sind die Judengasse und das „Bermudadreieck" ❹ sowie der Spittelberg ❸⓪ und Teile der angrenzenden Mariahilfer Straße ❷⓽, aber neuerdings auch das Gebiet in und rund um die Schleifmühlgasse, unweit des Naschmarktes ❷❽ sowie der Yppenplatz.

Besonders erwähnt werden muss an dieser Stelle auch das auf der Donauinsel (s. S. 47) gelegene Lokal- und Kneipenviertel, das sich unter dem Namen **Copa Cagrana** – in Anlehnung an den Namen des angrenzenden Stadtteils Kagran – inzwischen zu einem der Drehpunkte des Wiener Nachtlebens der Sommermonate entwickelt hat.

An einem Wochenende gewöhnlich Ende Juni findet hier jährlich auch das dreitägige **Donauinselfest** statt, das mit durchschnittlich mehr als 1 Mio. Besuchern pro Tag (freier Eintritt!) das größte Open-Air-Festival Europas darstellt.

Bars und Kneipen

◐97 [G7] **1516 Brewing Company,** Schwarzenbergstraße 2/Ecke Krugerstraße, Tel. 01 9611516, www.1516brewingcompany.com, tgl. 11–2 Uhr. Das vielfach preisgekrönte Eigenbrau-Bier kann getrost als eines der „geschmackigsten" östlich vom Oktoberfest und südlich von Pilsen bezeichnet werden. Viele Sportfans, da hier diverse Spiele auf einem großen Flatscreen-Bildschirm übertragen werden.

◑98 [F7] **Aux Gazelles,** Rahlgasse 5, Tel. 01 5856645, www.auxgazelles.at, Mo.–Sa. 11–2 Uhr. In der vielleicht schönsten Lounge der Stadt wird man in einen orientalischen Tempel der Sinne „entführt".

Das Aux Gazelles bietet so ziemlich allen Erwartungen etwas: ob Bar, Café, Brasserie mit maghrebinischen Gerichten, Kaviar- und Austernbar, Deli, Salon de Thé, Basar und sogar orientalisches Dampfbad – schlichtweg sensationell!

99 [F7] **Bar Italia lounge,** Mariahilfer Straße Nr. 6, Tel. 01 5852838, www.baritalia.net, Mo.–Sa. 18.30–4 Uhr. Mitten auf der lebendigen Mariahilfer Straße **29** liegt diese extra-stylishe Bar mit kleinen Snacks und norditalienischen Spezialitäten. Im Keller befindet sich eine Lounge (mit DJ), in der sich die coole Szene der Stadt ein Stelldichein gibt.

100 [G6] **Bermuda Bräu,** Rabensteig 6, Tel. 01 5322865, www.bermuda-braeu.at, tgl. 11–2 Uhr. In diesem gewaltig großen Bierlokal steppt speziell am Wochenende der Bär. Das Hausbier Ottakringer fließt dann in Strömen und passt dabei perfekt zur deftigen Hausmannskost, die bis 24 Uhr bestellt werden kann.

101 [G6] **Floridita,** Johannesgasse 3, Tel. 01 5139162, www.floridita.at, So.–Do. 19–4, Fr., Sa. 19–6 Uhr. Leckere Cocktails und lateinamerikanische Rhythmen – montags sogar Livemusik – machen das Floridita zu einer angesagten Adresse für alle Fernwehgeplagten.

102 [G6] **Krah-Krah,** Rabensteig 8, Tel. 01 5338193, www.krah-krah.at, Mo.–Sa. 11–2 Uhr, So. 11–1 Uhr. Die älteste Kneipe im „Bermudadreieck" **4** ist ein klassisches und dennoch lebendiges Bierlokal mit knapp 60 Sorten des feinen Hopfen- und Malztrunkes. Dazu gibt es eine bemerkenswerte Speiseauswahl.

103 [G6] **Loos-Bar,** Kärntner Durchgang 10, Tel. 01 5123283, www.loosbar.at, Mo.–Do. 12–4 Uhr, Fr.–So. 12–5 Uhr. Die architektonisch sehenswerteste Bar Wiens ist zweifellos die kleine, feine von Adolf Loos 1907–1908 im klassischen, klaren und schnörkellosen Jugendstil erbaute Loos-Bar. Sehenswert ist hier neben der Innenraumgestaltung auch speziell die Toilette mit dem Endlos-Spiegel. Gute Cocktails (tgl. 15–16 Uhr Happy Hour).

104 [G5] **Planter's Club,** Zelinkagasse 4, Tel. 01 5333393, www.plantersclub.com, tgl. 17–4 Uhr. Da bleibt keine Kehle trocken! Diese trendige Bar im Kolonialstil hat die umfassendste Getränkekarte der Stadt. Alleine 300 Cocktails, Unmengen an verschiedensten Whisk(e)ys, Cognacs, Rumsorten etc.

105 [E7] **Plutzer Bräu,** Schrankgasse 2, Tel. 01 5261215, www.plutzerbraeu.at, tgl. 11–2 Uhr. Dieses im Souterrain gelegene, modern gehaltene Lokal bietet neben köstlichem Osttiroler Bier vom Fass auch bis spät in die Nacht Speisen, täglich wechselnde Menüs und Snacks für den kleinen Hunger (z. B. die leckeren Brote mit hausgemachten Aufstrichen oder gekochtem Schinken).

106 [E7] **Shultz American Bar,** Siebensterngasse 31, Tel. 01 5229120, www.shultz.at, Mo.–Do. 9–2, Fr., Sa. 9–3 Uhr. Seit über zehn Jahren gehört das Shultz zu den meistfrequentierten Adressen der In-Szene der Stadt. Dank der gläsernen Wände fühlt es sich fast so an, als säße man auf der Straße. Tagsüber ein ganz normales Café, abends dagegen eine hippe Bar mit DJs (Funk, Jazz und Soul).

Livemusik, Klubs und Discos

Wem mehr nach Liveacts oder Tanzbeinschwingen ist, der sollte die ein oder andere angesagte Adresse der folgenden Liste frequentieren. Die Eintrittspreise bewegen sich zwischen 5 und 15 €, gerade in den großen Klubs sind die Getränkepreise aber meist happig.

◀ *Im Prater (s. S. 88) ist in den Sommermonaten bis spät in die Nacht etwas los!*

⊕**107** [I6] **Club Massiv,** Untere Weissgerberstraße 37, Tel. 01 7106213, www.massiv.at, tgl. 22–4 Uhr. Elektronische Musik steht hier im Vordergrund. Freitags gibt es House und Techno von renommierten DJs und die Samstage gehören unterschiedlichen Veranstaltern mit wechselndem Programm.

⊕**108** [G5] **Flex,** Donaukanal (Abgang Augartenbrücke), Tel. 01 5337525, www.flex.at, tgl. 18–4 Uhr. Auch hier legen international renommierte DJs auf, jedoch liegt der Schwerpunkt auf alternativer Musik, mit einem Hang zu Improklängen. Ab und zu Livebands, Filmvorführungen und ein Gastgarten direkt am Donaukanal machen das Flex zu einem altbewährten Allrounder der Wiener Nachtszene.

⊕**109** [F7] **Passage,** Burgring 1, Tel. 01 9618800, www.sunshine.at, Di.–Do. 20–4, Fr., Sa. 22–6 Uhr. Seit einigen Jahren ist das Passage – eine ehemalige Fußgängerunterführung unter der Ringstraße – die angesagteste Clubbingadresse Wiens. Internationale DJs (House, Elektro etc.), schickes Interieur und über 50 verschiedene Wodkasorten. (Besser keine Turnschuhe.)

⊕**110** [I5] **Prater Dome,** Riesenradplatz 7, Tel. 01 9081192900, www.praterdome.at, Do.–Sa. 22–6 Uhr. Mit vier Dancefloors derzeitig die größte Disco Österreichs. Vorwiegend junges (18–25) Publikum und musikalischer Schwerpunkt ist House und Dance, aber es gibt auch einen Soul-, Chill-out- und „Alpenstadl"-Bereich (mit Après-Ski-Stimmung).

⊕**111** [G6] **Roter Engel,** Rabensteig 5, Tel. 01 5354105, www.roterengel.at, tgl. 17–4. Unter dem Motto „the voice of Vienna" geht hier allabendlich nach etwa 22 Uhr musikalisch (DJs) gewaltig die Post ab. Vorher ist der Rote Engel – eine Lokallegende, die seit den 1980er-Jahren besteht – eine chillige Warm-up Cocktailbar.

⊕**112** [C9] **U4,** Schönbrunner Straße 222, Tel. 01 8171192, www.u-4.at, Di.–So. 22–4 Uhr. Die bekannteste Disco Wiens ist ursprünglich als Treffpunkt der Undergroundszene entstanden, neigt heutzutage aber zu Mainstreamklängen der Elektronikmusik.

⊕**113** [F7] **Volksgarten Clubdiscothek,** Burgring, www.volksgarten.at, Tel. 01 5324241, tgl. 20–4 Uhr. Top-Nightspot mit erstaunlich abwechslungsreichen Events. Allerdings geht es hier relativ exklusiv zu (besser keine Turnschuhe). Neben der Disco ist auch die nebenan im Volksgarten gelegene chillig-schicke Lounge-Bar zu empfehlen.

▶ *Das Burgtheater (s. S. 85) ist bis heute das Traditionshaus der deutschsprachigen Bühnenkunst*

THEATER UND KONZERTE

Durch ihren Ruf, eine der Kultur-hauptstädte Europas zu sein, lockt Wien von jeher musik-, schauspiel- und tanzinteressierte Besucher aus aller Welt an. Wer in Wien weilt, sollte zumindest einen Abend der Bühnen-kunst „opfern".

Tickets können direkt bei den jeweiligen Etablissements gekauft werden (meist auch online oder telefonisch per Kreditkarte) oder über Wien

Ticket (www.wien-ticket.at), die auch über einen Verkaufspavillon am Herbert-von-Karajan-Platz an der Staatsoper ⓲ verfügen (tgl. 10–19 Uhr geöffnet). Die Preise für eine Vorstellung müssen übrigens selbst in den Traditionshäusern nicht zwangsläufig gesalzen sein, da es fast immer preisgünstige Varianten (wie Stehplätze oder Restkarten kurz vor der jeweiligen Vorstellung) gibt.

Wessen Hauptaugenmerk gar auf Opern- und Klassikkonzertbesuchen liegt, der sollte unbedingt elegante **Kleidung** dabei haben, denn hierauf wird immer noch sehr großer Wert gelegt.

Theater und Kabarett

㉑ [F6] **Burgtheater.** Das zweitälteste Theater Europas und gleichzeitig größte Sprechtheater des deutschsprachigen Raums hat vor allem klassische Stücke auf dem Programm. Dabei sind die Interpretationen der „Burg" alles andere als

025wi Abb.: mw

altmodisch oder öde – im Gegenteil, die Inszenierungen strotzen meist vor Unkonventionalität und Moderne.

🕐**114** [H6] **Kabarett Simpl,** Wollzeile 36, Tel. 01 5124742, www.simpl.at. Das älteste noch immer bespielte deutschsprachige Kabarett wurde im Jahre 1912 gegründet. Zwar sind die heute hier aufgeführten Programme nicht mehr so politisch brisant wie noch in den 1950er- und 1960er-Jahren oder gar in der Zwischenkriegszeit, aber Lacher sind hier von jeher garantiert.

🕐**115** [H6] **Kammerspiele,** Fleischmarkt 1, Tel. 01 427000, www.josefstadt.org. Dieses kleine Theater hat sich auf satirische, oftmals zeitgenössische Stücke spezialisiert.

🕐**116** [A6] **Original Wiener Stehgreifbühne,** Maroltingergasse 43, U-Bahn-Station Kendlerstraße, Tel. 01 9145414, www.tschauner.at. In diesem Theater spielt allabendlich ein perfekt aufeinander eingespieltes Ensemble volkstümliche – im Dialekt verfasste – Lust- und Singspiele, bei denen reichlich improvisiert wird und die Schauspieler untereinander unvorhergesehene Pointen ausspielen und die Kollegen auf der Bühne sowie das Publikum mit einbeziehen.

🕐**117** [H6] **Theater am Schwedenplatz,** Franz-Josefs-Kai 21, Tel. 01 5357914, www.lederer-theater.at. Die 1970 von Herbert Lederer gegründete Kleinbühne führt gesellschaftskritische literarisch-satirische und komödiantische Ein-Mann-Stücke auf.

🕐**118** [H6] **Theater Drachengasse,** Fleischmarkt 22, www.drachengasse.at, Tel. 01 5131444. Schwerpunkt sind hier zeitgenössische, kontroverse Stücke, die nicht nur unterhalten, sondern auch zum Nachdenken anregen.

🕐**119** [E6] **Theater in der Josefstadt,** Josefstädter Straße 26, Tel. 01 427000, www.josefstadt.org. Ein prunkvolles Theater, das im venezianischen Stil mit rotem Damast, Goldschmuck und Kristallkronleuchtern ausgestattet ist. Es wurde 1788 gegründet und hier werden viele österreichische und speziell Wiener Autoren wie Johann Nestroy oder Ferdinand Raimund inszeniert. Aber auch gesellschaftskritische Stücke aus der Zeit des Fin de Siècle, z. B. von Arthur Schnitzler oder Ödön von Horváth stehen regelmäßig auf dem Programm.

🕐**120** [F6] **Volkstheater,** Neustiftgasse 1, Tel. 01 521110, www.volkstheater.at. Das zweite große Theater Wiens, in dem neben Klassikern vor allem zeitgenössische und experimentelle Stücke (darunter viele österreichische) aufgeführt werden. Nicht nur nach einer Vorstellung empfiehlt sich ein Besuch der ebenfalls im Gebäude befindlichen Roten Bar.

Konzerte, Opern, Operetten, Musicals

🎭**121** [H6] **Galerie Alte Schmiede,** Schönlaterngasse 9, Tel. 01 524446, www.alte-schmiede.at. In diesem Kulturzentrum finden ausgefallene, aber meist äußerst interessante Konzerte und Lesungen statt. Der ideale Ort, um etwas von der zeitgenössischen Kunstszene mitzubekommen.

🎭**122** [H6] **Kammeroper,** Drachengasse 1, www.wienerkammeroper.at, Tel. 01 5120100. Die Bühne steht für eher ausgefallene, selten aufgeführte Raritäten der Operngeschichte wie die italienische Opera Buffa, die Barockoper und unverwechselbare Operetten und Musicals.

🎭**123** [H7] **Konzerthaus,** Lothringerstraße 20, Tel. 01 58705040, www.konzerthaus.at. Die Hauptspielstätte der Wiener Symphoniker, des Wiener Kammerorchesters und der Klangform Wien führt auch Konzerte anderer internationaler Orchester, Solisten und Kammermusikensembles auf.

🎭**124** [D8] **Raimundtheater,** Wallgasse 18–20, Tel. 01 599770, www.

musicalvienna.at. Ursprünglich als Bühne für klassische Volksstücke gegründet, werden im Raimundtheater vorrangig Musicals und Operetten aufgeführt.

⓬ [G7] **Staatsoper.** Auch die ruhmreiche Staatsoper ist im internationalen Vergleich ganz vorne dabei. Vorrangig konservative Interpretationen klassischer Opern, obwohl auch Operetten und Ballett auf dem Programm stehen, und das bei durchweg brillanter Besetzung.

☍125 [F7] **Theater an der Wien,** Linke Wienzeile 6, Tel. 01 58885, www.theater-wien.at. Das ehemals als Oper gebaute Haus beherbergt heute die beliebteste Musicalbühne der Stadt, zeigt aber seit 2006 – dem 250. Geburtsjahr Mozarts – auch wieder Opern.

☍126 [E4] **Volksoper,** Währinger Straße 78, www.volksoper.at, Tel. 01 514443318. Neben der Staatsoper ist dies das zweite große – und ebenso seriöse – Opernhaus der Stadt, in dem auch Operetten, Musicals, Tanztheater oder Ballett auf dem Programm stehen.

☍127 [G7] **Wiener Musikverein,** Bösendorferstr. 12, Tel. 01 5058190, www.

EXTRATIPP

Kino unter Sternen

In den Sommermonaten Juli und August findet auf dem Karlsplatz **⓾** ein abendliches Open-Air-Kino statt. Gezeigt werden dabei auf einer 200 m² großen Leinwand meist internationale Filme in Originalfassung mit deutschen Untertiteln. Wobei das Programm (www.afterimage.at) eine Mischung aus öffentlich schwer zugänglichen Klassikern, Premieren und populären Filmen der Filmgeschichte darstellt. Man sitzt auf Zuschauerrängen einer Tribüne und der Film startet nach Einbruch der Dunkelheit (ggf. Pulli oder Decke mitnehmen).

---

musikverein.at. Der Sitz der Gesellschaft der Musikfreunde in Wien ist eines der führenden Konzerthäuser unseres Planeten. Das Stammhaus der Wiener Philharmoniker und Hauptkonzerthaus der Wiener Sängerknaben ist einer der traditionsreichsten Orte für klassische Musik überhaupt und schon dadurch ein Erlebnis von Weltklasse.

WIEN FÜR KUNST- UND MUSEUMSFREUNDE

Wer sich für Kunst interessiert, kommt in Wien sicherlich nicht zu kurz. Mit einer ganz beachtlichen Anzahl an Museen ist die Stadt seit weit über 100 Jahren eines der größten Kunstzentren der Welt.

> Museen, die mit einer magentafarbenen Nummer (**⓽**) als Hauptsehenswürdigkeit ausgewiesen sind, werden im Kapitel „Wien entdecken" ausführlich beschrieben. Dort finden sich auch alle praktischen Informationen wie Adresse, Öffnungszeiten usw.

MUSEEN UND GALERIEN

🏛128 [F6] **Beethoven-Museum,** Mölker Bastei 8, www.wienmuseum.at, Tel. 01 5358905, Di.–So. 10–13 und 14–18 Uhr, Eintritt 2 €, ermäßigt 1 € (So. frei). Im sog. Pasqualati-Haus lebte Ludwig van Beethoven (1770–1827) mit Unterbrechungen insgesamt acht Jahre. Heute ist hier eine kleine Dauerausstellung seiner Schaffenszeit.

⓽ [G7] **Haus der Musik.** Das erste Klangmuseum der Welt lädt den Besucher zu einer Entdeckungsreise in die Welt der Akustik ein. Die didaktisch modern aufbereitete Ausstellung ist für Kinder und

Erwachsene gleichermaßen ein äußerst gelungenes und interessantes Erlebnis.

129 [I9] **Heeresgeschichtliches Museum,** Arsenal, Objekt 1, Tel. 01 795610, www.hgm.or.at, tgl. 9–17 Uhr, Eintritt 5,10 €, ermäßigt 3,30 €. Nicht nur für Militaristen ist dieses historisch äußerst wertvolle Museum interessant. Es werden v. a. Exponate der kaiserlichen Armee wie Waffen oder Uniformen, aber auch Gemälde, Fotografien und Schlachtschiffmodelle ausgestellt.

130 [G6] **Jüdisches Museum,** Dorotheergasse 11, Tel. 5350431210, www.jmw.at, So.–Fr. 10–18 Uhr, Eintritt 6,50 €,

ermäßigt 4 €. Wechselnde Ausstellungen zur Geschichte der Juden in Wien, außerdem eine Dauerausstellung mit religiösen Artefakten. Das Jüdische Museum hat auch eine Außenstelle: das Museum Judenplatz (Judenplatz 8).

★131 [G6] **Kapuzinergruft,** Tegetthoffstraße 2/Neuer Markt, U-Bahn-Station Stephansplatz, Tel. 01 5126853, tgl. 10–15.30 Uhr, Eintritt 4 €. Zwar kein Museum im klassischen Sinne, aber allemal interessant. Seit 1633 wurden hier die Familienmitglieder der Habsburger beigesetzt: prunkvolle Sarkophage von 16 Kaiserinnen, zwölf Kaisern und knapp 100 Erzherzögen.

132 [F7] **Kindermuseum ZOOM,** Museumsplatz 1, Tel. 01 5247908, www.kindermuseum.at, Di.–Sa. 8–18.30 Uhr, Eintritt 5 € (Kinder), 3,50 € (Erwachsene). Liebevoll aufgemachtes Kindermuseum (für Kinder bis 12 Jahre geeignet) mit Wechselausstellungen, reichlich Spiel und Spaß und Experimentierattraktionen im MuseumsQuartier ③. Da viele Kindergruppen hierher kommen, ist eine telefonische Anmeldung sinnvoll.

133 [F7] **Kunsthalle,** Museumsplatz 1, Tel. 01 5218933, www.kunsthallewien.at, tgl. 10–19 Uhr, Do. bis 22 Uhr, Eintritt 8,50 €, ermäßigt 7 € (je nach Ausstellung auch billiger). In mehreren Hallen und Räumen des MuseumsQuartiers ③ werden hier immer wieder neue Ausstellungen zeitgenössischer Künstler aller Kunstsparten gezeigt.

134 [G6] **Kunstforum,** Freyung 8, www.bankaustria-kunstforum.at, Tel. 01 5373326, tgl. 10–19 Uhr, Fr. bis 21 Uhr, Eintritt 9 €, ermäßigt 6 €. Im Kunstforum werden wechselnde Ausstellungen

026w| Abb.: dk

◀ *Das Kunstforum auf der Freyung besticht nicht nur durch seinen außergewöhnlichen Eingang*

mit Schwerpunkten auf der Malerei der Klassischen Moderne und der Avantgarde der Nachkriegszeit präsentiert.

⑰ [F7] Kunsthistorisches Museum. Das Kunsthistorische Museum zählt zu den größten und bedeutendsten Museen der Welt. Die reichen – beinahe schon zu üppigen – Sammlungen umfassen Objekte aus sieben Jahrtausenden, angefangen von der Zeit des Alten Ägypten bis zum Ende des 18. Jh.

⑬ [G7] Kunstsammlung Albertina. Eine der weltweit größten und bedeutendsten grafischen Sammlungen. Die hier ausgestellten und archivierten Exponate reichen von der Spätgotik bis zur zeitgenössischen Kunst.

🏛135 [F7] Leopold Museum, Museumsplatz 1, Tel. 0820 600 600 oder 01 525700, www.leopoldmuseum.org, Mi./ Fr.–Mo. 10–18 Uhr, Do. 10–21 Uhr, Eintritt 11 €, ermäßigt 7 €. Das im MuseumsQuartier ㉛ gelegene Leopold Museum zeigt Meisterwerke der Wiener Secessionisten-Bewegung, der Wiener Moderne und des österreichischen Expressionismus sowie die weltweit größte Egon-Schiele-Sammlung.

🏛136 [F6] Museum auf Abruf MUSA, Felderstraße 6–8, Tel. 01 400084000, www.musa.at, Di./Mi./Fr. 11–18 Uhr, Do. 11–20 Uhr, Sa. 11–16 Uhr, Eintritt frei. Das MUSA stellt die Sammlung zeitgenössischer Kunst der Kulturabteilung der Stadt Wien dar. Sie besteht aus einem Präsentationsbereich für Themenausstellungen aus der Sammlung und die sog. Startgalerie für junge Wiener Kunstschaffende.

❽ [H6] Museum für angewandte Kunst. Eine erstaunliche kunstgewerbliche Sammlung mit Objekten und Kunstwerken vom Mittelalter bis zur Gegenwart.

🏛137 [F6] Museum für Völkerkunde, Heldenplatz, Neue Burg, Tel. 01 525240, www.khm.at/de/museum-fuer-voelkerkunde, Mi.–Mo. 10–18 Uhr, Eintritt 8 €,

ermäßigt 6 €. In der Sammlung dieses bedeutenden ethnologischen Museums finden sich über 200.000 ethnografische Gegenstände, etliche historische Fotografien, Druckwerke und über 300 km Film zu Geschichte, Kultur und Alltagsleben vorwiegend außereuropäischer Völker.

㉜ [F4] Museum Liechtenstein. Im Palais Liechtenstein befindet sich die private Kunstsammlung des gleichnamigen Fürstenhauses, die Gemälde und Plastiken aus vier Jahrhunderten von der Renaissance bis hin zum Biedermeier beinhaltet.

🏛138 [F7] MUMOK, Museumsplatz 1, Tel. 01 52500, www.mumok.at, tgl. 10–18 Uhr, Do. bis 21 Uhr, Eintritt 9 €, ermäßigt 7,20 €. Das im MuseumsQuartier ㉛ gelegene MUMOK (Museum Moderner Kunst) ist die größte österreichische Sammlung für gesellschafts- und realitätsbezogene sowie performative Kunst des 20. und 21. Jh.

⑱ [F6] Naturhistorisches Museum. Riesige Sammlung zu praktisch allen naturwissenschaftlichen Themen: Flora, Fauna (inkl. Dinosaurier), Geologie usw.

🏛139 [H8] Österreichisches Barockmuseum, Prinz-Eugen-Straße 27, Tel. 01 795570, www.belvedere.at, tgl. 10–18 Uhr, Eintritt 9,50 €, ermäßigt 7,50 €. Im Oberen Belvedere befindet sich in Form dieses Museums die vielleicht bedeutendste Kunstsammlung ihrer Art Mitteleuropas. Im Mittelpunkt stehen die Arbeiten der Maler und Bildhauer aus der Blütezeit des österreichischen Barocks.

🏛140 [H8] Österreichische Galerie Belvedere, Rennweg 6a (Unteres Belvedere) u. Prinz-Eugen-Straße 27 (Oberes Belvedere), Tel. 01 795570, www.belvedere.at, tgl. 10-18 Uhr, Eintritt pro Museum 9,50 €, ermäßigt 7,50 €, Kombiticket 13,50 €. Die Gemälde- und Kunstartikelsammlungen der Österreichischen Galerie Belvedere stellt im Oberen Belvedere die Meisterwerke der österreichischen Künstler des Fin de Siècle und des Jugendstils aus.

🏛 **141** [G7] **Otto Wagner Pavillon,** Karlsplatz, U-Bahn-Station Karlsplatz, Tel. 01 5058747, www.otto-wagner-pavillon.at, April–Oktober Di.–So. 9–18 Uhr, Eintritt 2 €, ermäßigt 1 €. Ein für den Wiener Jugendstil repräsentativer Pavillon – und gegenüber ein Zwilingspavillon –, der ehemals als Haltestelle der Wiener Stadtbahn am Karlsplatz konzipiert war. Darin befindet sich ein kleines Museum zur Arbeit Otto Wagners.

🏛 **142** [E5] **Pathologisch-anatomisches Bundesmuseum Wien,** Spitalgasse 2 (Zugang über die Van-Swieten-Gasse), Tel. 01 4068672, www.narrenturm.at, Mi. 15–18 Uhr, Do. 8–11 Uhr, 1. Sa. im Monat 10–13 Uhr, Eintritt 2 €. Besonders für (angehende) Mediziner dürften die hier ausgestellten anatomischen Präparate interessant sein, durch die man reichlich Wissenswertes zum Thema Gesundheit und Krankheit erfährt.

🏛 **143** [I5] **Pratermuseum und Planetarium,** Oswald-Thomas-Platz 1, Tel. 01 7267683, www.wienmuseum.at, Di.–Fr. 9–12.15 und 13–16.30, Sa./So. 14–18.30 Uhr, Eintritt 2 €, ermäßigt 1 € (Fr. vormittags und So. frei). Das Pratermuseum spürt der Geschichte des Praters ㉔ und dessen Funktion als Vergnügungs-, Ausstellungs- und Veranstaltungsgelände nach. An das Museum angeschlossen befindet sich auch das Planetarium mit regelmäßig stattfindenden Vorführungen.

🏛 **144** [F6] **Schatzkammer,** Schweizerhof (Hofburg), Tel. 01 525240, www.khm.

▶ *Ein Eldorado für Müßiggänger: der Stadtpark (s. S. 47) im Hochsommer*

at/de/schatzkammer, Mi.–Mo. 10–18 Uhr, Eintritt 12 €, ermäßigt 9 €. In der Schatzkammer in der Hofburg ⑭ werden die Kronschätze der Habsburger und ihrer Vorgänger ausgestellt.

🏛 **145** [E4] **Schuberts Geburtshaus,** Nußdorfer Straße 54, Tel. 01 3173601, Di.–So. 10–13 und 14–18 Uhr, Eintritt 2 €, ermäßigt 1 € (sonntags kostenlos). In der „Rauchkuchl", einer Wohnung dieses Hauses, kam der Komponist Franz Schubert am 31. Januar 1797 zur Welt. Heute beherbergt die Wohnung ein Museum, in dem der größte Teil seiner Biografie veranschaulicht und dokumentiert ist.

⑪ [F7] **Secession.** Dieses bemerkenswerte Bauwerk aus dem Jahre 1898 wurde als Ausstellungshaus der „Secessionisten" genutzt und bietet bis heute interessante Ausstellungen und Veranstaltungen. Das künstlerische Herzstück ist das 34 m lange, von Gustav Klimt geschaffene Beethovenfries.

🏛 **146** [F5] **Sigmund Freud Museum,** Berggasse 19, Tel. 01 3191596, www.freud-museum.at, tgl. 9–17 Uhr, Eintritt 7 €, ermäßigt 4,50 €. In der ehemaligen Wohnung des Begründers der Psychoanalyse, Sigmund Freud, befindet sich heute ein Museum zu seinem Wirken und Schaffen.

🏛 **147** [F6] **Sisi Museum,** Hofburg (Eingang unter der Michaelerkuppel), Tel. 01 5337570, www.hofburg-wien.at, tgl. 9–17 Uhr, Eintritt ab 9,90 €, ermäßigt 5,90 € (Kombitickets: 22,50 €). In diesem in der Hofburg ⑭ befindlichen Museum wird in aufwendig inszenierter Weise Mythos und Wahrheit über Kaiserin Elisabeth „beleuchtet", ohne dabei etliche Details ihres Privatlebens zu vernachlässigen. Ausgestellt sind zahlreiche persönliche Objekte sowie die berühmtesten Porträts der Kaiserin.

🏛 **148** [B8] **Technisches Museum Wien,** Mariahilfer Straße 212, Tel. 01 899980, www.tmw.at, Mo.–Fr. 9–18, Sa./So.

10–18 Uhr, Eintritt 8,50 €, ermäßigt 7 €.
In diesem gut aufbereiteten Museum mit
seinen hellen, mit Glaskuppeln überdachten Innenhöfen, werden Exponate
und Modelle – darunter zahlreiche, zum
Teil recht große historische Demonstra-
tionsmodelle aus den Bereichen Eisen-
bahn und Schiffbau – aus der Geschichte der Technik gezeigt.

🏛 **149** [G6] **Uhrenmuseum,** Schulhof 2,
Tel. 01 5332265, www.wienmuseum.at,
Di.–So. 10–18 Uhr, Eintritt 4 €, ermäßigt
2 €. Alles zum Thema Zeitmessung mit
Beispielen – wie Uhren, Messgeräte usw.
– aus mehreren Jahrhunderten.

🏛 **150** [G7] **Wien Museum,** Karlsplatz, Tel.
01 50587470, www.wienmuseum.at,
Di.–So. 10–18 Uhr, Eintritt 6 €, ermäßigt
4 €. Hier befindet sich die historische
Sammlung zur Geschichte Wiens mit Exponaten ab der Jungsteinzeit und häufig
wechselnden Sonderausstellungen.

WIENS GRÜNE SEITE – ZUM TRÄUMEN UND ENTSPANNEN

*Wien ist eine erstaunlich grüne Stadt
mit zahlreichen Parks und Grünanlagen, botanischen und zoologischen
Gärten sowie der Alten und Neuen
Donau, deren Ufer besonders auf
Seiten des 21. und 22. Wiener Gemeindebezirks immer für ein Sonnen-
oder Flussbad geeignet sind. Neben
den Hauptsehenswürdigkeiten wie
Prater* **㉔**, *Schloss Belvedere* **㉗** *und
Schlosspark Schönbrunn* **㉞** *finden
sich noch viele weitere mehr oder
weniger bekannte grüne Flecken und
Orte zum Entspannen.*

Die österreichischen Bundesgärten
verwalten die meisten öffentlichen

Anlagen und die Öffnungszeiten sind wie folgt: In der Regel sind die Anlagen ab 6.30 Uhr geöffnet. Die Parktore schließen im Winter um 17.30, in den Frühlings- und Herbstmonaten zwischen 18.30 und 19.30 und im Sommer um 20 Uhr (im August sogar erst um 21 Uhr).

●**151 Alte Donau**, Moissigasse 21, Bushaltestelle Schüttauplatz (Linie 92A ab U-Bahn-Station Kaisermühlen-VIC), Tel. 01 2699016, tgl. 9–19 Uhr (2. Mai–13. September), Eintritt 4,70 €, ermäßigt 2,60 €. Entlang der Alten Donau – einem Altarm der Donau, der mit dieser nicht mehr verbunden ist – befinden sich mehrere kostenpflichtige Strandbäder. Ganz besonders schön ist darunter das Strandbad Gänsehäufel, das sich auf einer bewaldeten Sandinsel befindet. Durch seine hellen Sandstrände inmitten der idyllischen Aulandschaft, aber auch aufgrund von zahlreichen Sport- und Freizeiteinrichtungen ist es einer der meistbesuchten Badeorte Wiens.

●**152** [G4] **Augarten**, www.bundesgaerten. at, Straßenbahn (Station Am Tabor – Linie 5 vom Praterstern) oder U-Bahn (Station Taborstraße), kostenfrei. Der 52,2 ha große Augarten bietet neben einem äußerst akkurat angelegten Parterregarten mit aufwendigen Blumenlandschaften auch ein weitläufiges, von schattigen Bäumen durchzogenes Gebiet, in dem viele Wege zu Spaziergängen einladen und Bänke zum Verweilen. Hier befindet sich der Anfang des 18. Jh. errichtete Gartensaal – in dem 1772 die sogenannten Morgenkonzerte von Wolfgang Amadeus Mozart (1756–1791) stattfanden – und der heute Firmensitz der Augarten-Porzellanmanufaktur ist. Architektonisch störend mögen Besucher die zwei Flaktürme empfinden, die im Sommer 1944 errichtet wurden, um die Stadt vor den Luftangriffen der Alliierten zu verteidigen.

●**153** [F7] **Burggarten**, kostenfrei, www. bundesgaerten.at. Diese öffentliche Parkanlage im englischen Stil nahe der Staatsoper und der Kärntner Straße eignet sich vor allem ab Frühling bis Herbst dazu, sich von den Strapazen des Stadtbummels zu erholen. Der in den 1820er-Jahren großzügig angelegte Burggarten bietet durch seine Grünfläche ein Stückchen „grüne Lunge" im südlichen Teil der Inneren Stadt. Botaniker, Sonnenhungrige, Kaffeejunkies und Cocktailfans dürfte außerdem das Palmenhaus an der nordöstlichen Flanke des Burggartens interessieren. Dieses Gewächshaus – mit davor liegender Terrasse – misst 128 m Länge und eine Grundfläche von rund 2000 m². Im mittleren Teil befindet sich das Café Palmenhaus, das abends auch Kneipenbetrieb hat. Der linke Flügel beherbergt das

029wi Abb.: dk

Schmetterlingshaus mit einer erstaunlichen Anzahl an exotischen Pflanzen und bunten Schmetterlingen und im rechten Flügel ist das Gewächshaus der österreichischen Bundesgärten untergebracht.

- **154** [K3] **Donauinsel,** U-Bahn-Station Donauinsel, kostenfrei. Die Donauinsel ist ein im Zuge der Hochwasserregulierung in den Jahren 1972–88 künstlich geschaffener Landstreifen zwischen Donau und der Neuen Donau, der erstaunliche 21,1 km in der Länge, aber nur 200 m in der Breite misst. Sie ist in erster Linie ein Naturreservat, in dem sich seltene Vogel- und Fischarten, aber zum Teil auch Säugetiere wie Biber, Hasen und selbst Rehe angesiedelt haben, bildet dabei aber auch für die Menschen ein beliebtes Naherholungsgebiet. Die entlang der beiden Ufer führenden asphaltierten Wege laden zu „endlosen" Spaziergängen, aber auch zum Fahrradfahren oder Inlineskaten ein – Anmietmöglichkeiten für Equipment bestehen reichlich. Der Großteil der Insel ist verkehrsberuhigt. Ganz besonders populär ist die Insel, weil man hier „wild" und unentgeltlich in der Donau baden kann. Im nördlichen und südlichen Bereich der Insel liegen ruhige FKK-Strände, während die viel besuchten Abschnitte in der Nähe der Reichsbrücke zu finden sind, dort wo auch die U-Bahn-Station Donauinsel ist.
- **155 Kahlenberg,** keine Öffnungszeiten, kostenfrei. Der Kahlenberg ist das beliebteste Ausflugsziel im hügeligen, dicht bewaldeten Nordwesten Wiens.

▶ *Das Sisi-Denkmal im Volksgarten hinter dem Burgtheater*

◀ *Modernste Architektur im Vergnügungsviertel auf der Donauinsel*

Man erreicht das Gipfelplateau öffentlich mit der Bus-Linie 38A (von Grinzing oder U-Bahn-Station Heiligenstadt) über die kurvenreiche Höhenstraße. Der Parkplatz und die Bushaltestelle befinden sich knapp unterhalb des Gipfels, von wo aus es nur noch wenige Schritte bis zur Aussichtsterrasse an der nach Wien abfallenden Geländestufe sind. Hier liegen zwei Lokale, die sich die Terrasse teilen, von der aus man weit über das gesamte Donaubecken blickt. Nicht übersehen sollte man die kleine Barockkirche Sankt Josef, die in Gedenken an den polnischen König Jan III. Sobieski (1629–1696) errichtet wurde, der 1683 Wien von der türkischen Belagerung befreite.

- **156** [H6] **Stadtpark,** keine Öffnungszeiten, kostenfrei. Der am Wienfluss gelegene Stadtpark erstreckt sich einen Steinwurf

Wien mal von unten

1949 kam der Spielfilm „Der Dritte Mann" mit Orson Welles in der Hauptrolle in die Kinos. Der Film, der bis heute durch seine Zither-Musik – das Harry-Lime-Thema – berühmt ist, spielt im Wien der Nachkriegszeit. Besonders eindrucksvoll sind die expressionistischen Kameraperspektiven der Verfolgungsjagd durch die Wiener Kanalisation. Diese kann auf einer geführten Tour besichtigt werden. Das mag unhygienisch klingen, ist es aber nicht, da die Kanalisation mittlerweile mehr ein modernes Abwassersystem, mitsamt ausgefeilter technologischer Innovationen, als eine düstere Unterwelt ist. Dennoch hat die Tour etwas Mystisch-Abenteuerhaftes, weshalb sie für Kinder unter 12 Jahren nicht empfohlen wird.

› Karlsplatz (Esperantopark vis-à-vis Friedrichstraße 6), U-Bahn-Station Karlsplatz, www.drittemanntour.at, Tel. 01 400030-33, 1. Mai bis 31. Oktober, Do.–So. 10–21 Uhr (Touren zu jeder vollen Stunde), Eintritt: 7 €, ermäßigt 5,50 €

Wien für Einzelgänger und Morgenmuffel

Die diversen Parks, Garten- und Grünanlagen Wiens bieten selbst bei strahlendem Sonnenschein und angenehm warmen Temperaturen immer ein Fleckchen, wo man ungestört ein Nickerchen machen oder ungeniert ein Sonnenbad nehmen kann. Extrem relaxend, wenn auch nicht im Grünen, sind außerdem die „Enzis" genannten „Hofmöbel", riesige Betonliegesofas im Innenhof des MuseumsQuartiers ③, auf denen man einfach nur liegen und entspannen kann. Und was tun bei schlechtem Wetter? Erraten, die guten alten **Kaffeehäuser** (s. S. 26) erlauben auch dem misanthropischsten Morgenmuffel in Ruhe seinen Kaffee samt Zeitung zu genießen. Denn wie schon der Schriftsteller Alfred Polgar (1873–1955) sagte: „Ins Kaffeehaus geht man, wenn man alleine sein will, aber dazu Leute braucht."

von der Einkaufsmeile der City entfernt und ist mit 65.000 m² sogar für schnöde Shopper der ideale Ort, um ein bisschen durchzuatmen und Kraft zu tanken. Auf den unzähligen Parkbänken inmitten des idyllischen Grüns scheint hier der Großstadtstress weitab und das trotz des Verkehrs der nahe gelegenen Ringstraße. Immerhin dämpft der alte, Schatten spendende Baumbestand den Lärm ein wenig ab. Die Hauptsehenswürdigkeit des Parks ist das vergoldete Bronzestandbild des „Walzerkaisers" Johann Strauß (Sohn, 1825–1899), das vom Wiener Bildhauer Edmund Hellmer stammt und am 26. Juni 1921 enthüllt wurde. Mittlerweile ist es wohl das am häufigsten fotografierte Monument der Stadt.

●**157** [F6] **Volksgarten**, kostenfrei, www. bundesgaerten.at. Der Lieblingspark für verliebte Pärchen ist neben Stadtpark und Burggarten die dritte große öffentliche Parkanlage mitten an der Ringstraße und damit im Herzen der Stadt. Hier finden sich üppig bepflanzte Blumenbeete, alte Bäume und saftige Wiesen. Besonders sehenswert ist der Volksgarten auch aufgrund des Theseustempels. Diese verkleinerte Nachbildung des Athener Theseions wurde von 1819 bis 1823 erbaut und diente zuerst zur Aufbewahrung der Theseusskulptur, die heute im Kunsthistorischen Museum ⑰ zu bewundern ist. Im nordöstlichen Winkel des Gartens versammeln sich Sisi-Fans an deren Denkmal für das obligatorische Erinnerungsfoto.

AM PULS
DER STADT

002wi Abb.: dk

Wien hat viele Gesichter, ob als Hauptstadt der Musik, in der große Komponisten ihre künstlerische Hochform erreichten oder als Zentrum der ehemaligen Donaumonarchie, von wo aus große Teile Ost- und Südosteuropas beherrscht wurden. Die österreichische Metropole gilt gleichermaßen als geschäftige Messe- und Industriestadt, ist aber auch für ihre ganz spezielle gemütliche, ab und zu geradezu bequeme Bevölkerung bekannt. Lange Zeit galt sie als Weltstadt auf dem Abstellgleis, spätestens seit Öffnung des Eisernen Vorhangs ist sie aber wieder, im wahrsten Sinne des Wortes, im Zentrum Europas und der Welt und pulsiert noch mehr als je zuvor.

DAS ANTLITZ DER METROPOLE

Es war etwa im Jahre 881 n. Chr., dass Wien das erste Mal als „Wenia" in den historischen Chroniken der Salzburger Annalen genannt wurde. Doch Wien ist viel älter und blickt auf 4000 bis 5000 Jahre Siedlungsgeschichte zurück.

Dies dürfte insbesondere an seiner prädestinierten Lage an der Donau liegen, denn die Stadt liegt geschützt im Donaubecken, umgeben vom Wienerwald im Nordwesten, Westen und Südwesten, mit Erhöhungen wie dem Kahlenberg und entlang des Flusses mit dem rechtsufrigen Leopoldsberg und dem linksufrigen Bisamberg. Aus dem Wienerwald fließen einige kleinere Flüsse – allen voran die

◀ *Vorseite: Blick auf die Donau City im 22. Gemeindebezirk*

Wien – in die Stadt und vor allem im Nordwesten und Norden, dort wo die Weinbauregion liegt, sind die Böden besonders nährreich.

All dies bedeutet, dass man nie weit zu fahren hat, um außerhalb der Stadt in den Genuss der Natur zu geraten. Doch auch Wien selbst ist äußerst grün, ist doch nur ein relativ kleiner Anteil der knapp 415 km² großen Fläche des Stadtgebiets verbaut; z. B. machen Parks, Gärten und Gartenanlagen alleine etwa 28 % der Gesamtfläche aus, Wald 17 % und landwirtschaftlich genutzte Flächen etwa 16 %. Erfreulich ist zusätzlich, dass die Stadt einer verhältnismäßig geringen Umweltbelastung ausgesetzt ist: So ist Smog, Feinstaub- und Ozonbelastung selten ein Problem, das Wiener Leitungswasser ist von hervorragender Trinkqualität und auch die Donau ist aufgrund ihres sauberen Wassers seit einigen Jahren wieder beliebtes Areal für sommerlichen Badespaß.

Doch auch orientierungsmäßig ist Wien verhältnismäßig angenehm. Durch die einigermaßen logische Stadtgliederung mit der Inneren Stadt als Zentrum und den im Uhrzeigersinn darum laufenden Randbezirken, die ihrerseits durch zwei kreisförmige Verkehrsadern – die **Ringstraße und den Gürtel** – begrenzt werden, findet man sich relativ einfach zurecht.

Wer Wien besucht, sollte dies nicht zuletzt wegen der grandiosen Architektur tun. Die Stilepochen der Gotik, der Renaissance, des Barock und Rokoko, des Klassizismus, des Biedermeier, des Historismus und der Moderne – hier allen voran der Wiener Jugendstil – haben beachtliche Spuren in der Stadt hinterlassen und es ist eine wahre Freude, Wiens Innenstadt zu begehen und dabei eine bauliche Zeitreise zu unternehmen.

O30wi Abb.: mw

Zwar erblühen das Zentrum und Teile der äußeren Stadt in höchsten Formen, wodurch Wien international ein neues Image bekommt, aber dadurch explodieren die **Immobilienpreise** und man stellt ein immer stärkeres **Auseinanderklaffen** zwischen den reichen und armen Vierteln fest. Wien zeichnete sich schon immer dadurch aus, dass die einzelnen **Bezirke** weitestgehend **autark** waren, wenn es um einkaufstechnische Infrastruktur ging. Durch riesige Shoppingkomplexe und eine Verlagerung des „Lebens" in Richtung Innerer Stadt oder Niedrigmietrandbezirke wirken **viele Gegenden** jenseits der Gürtel genannten, ringförmig um den Stadtkern liegenden Umgehungsstraße mittlerweile aber **geradezu verlassen.** Wer Bezirke wie Meidling, Liesing, Favoriten, Simmering oder die Donaustadt besucht, findet häufig desolate Häuser entlang vollkommen unattraktiver Straßenzüge oder anonyme Neubausiedlungen ohne Lebensqualität.

Anders sieht es dagegen in der Kulturszene aus: Durch die gute Zusammenarbeit zwischen Stadtverwaltung und Kunstschaffenden wird sich Wien sicherlich auch in den folgenden Jahren weiter baulich wandeln und damit sein Image als **innovative Kulturmetropole** auch im architektonischen Sinne fortsetzen.

Stadtgliederung

Wien wird in 23 Stadtteile – Bezirke oder Gemeindebezirke genannt – gegliedert. Diese tragen neben Namen die Ziffern 1.–23. (häufig auch die römischen I.-XXIII.). Auf Straßenschildern steht zuerst die Bezirkszahl und dann der Straßenname: 1., Kärntner Straße. Während die Namen nur selten benutzt werden, sagt der Wiener sehr wohl: „da gibt es ein neues Kaffeehaus im 5. Bezirk" oder „ich wohne jetzt im 3."

▲ *Wie vor 100 Jahren –*
mit dem Fiaker durch Wien

VON DEN ANFÄNGEN BIS ZUR GEGENWART

Österreichs und speziell auch Wiens Geschichte war von der Frühzeit an ein Wechselspiel zwischen Einflüssen aus dem Westen und aus dem Osten, also durch die Germanen und später die Deutschen auf der einen und durch die Slawen und die Ungarn auf der anderen Seite.

VORCHRISTLICHE UND RÖMISCHE ZEIT

3.–2. Jh. v. Chr. Erste Besiedlung des Donaubeckens um Wien während der Jungsteinzeit und Kupferzeit.

500 v. Chr.–100 n. Chr. Keltensiedlung Vedunia (= Waldbach)

100 n. Chr. Römische Legionäre legen ein *castrum* (Militärlager) an.

50 n. Chr. Die römische Siedlung namens Vindobona wird gebaut.

395 Die Markomannen, ein germanisches Kriegervolk, vertreiben die Römer.

DIE VÖLKERWANDERUNG UND DIE BABENBERGER

395–955 Wirren der germanischen Völkerwanderung – Wien wird abwechselnd von Hunnen, Langobarden, Bajuwaren, Slawen, Awaren, Franken und Ungarn besetzt.

955 Otto I. – der spätere Kaiser des Heiligen Römischen Reiches – schlägt in der Schlacht auf dem Lechfeld die Ungarn.

976 Otto II. übergibt das Gebiet um Wien den bayerischen Babenbergern als Markgrafschaft Ostarrichi.

1137 Ostarrichi wird zum Herzogtum erhoben.

1155 Die Residenz der Babenberger wird nach Wien verlegt, Heinrich II. (gen. Jasomirgott), errichtet Am Hof seine Pfalz.

12.–13. Jh. Der Stephansdom und die Hofburg werden erbaut.

PEST UND TÜRKENBELAGERUNGEN

1237 Ende der babenbergischen Herrschaft. Wien wird zur Freien Reichsstadt.

1278 Schlacht auf dem Marchfeld zwischen König Ottokar II. von Böhmen und Rudolf I. von Habsburg.

1282 Beginn der Habsburgerherrschaft.

1365 Gründung der Universität Wien.

1438 Wien löst Prag als Hauptstadt des Heiligen Römischen Reiches ab.

ab dem 15. Jh. Verstärkter Zuzug von Baumeistern, Bildhauern und Malern, aber auch anderer Kunstschaffender.

1469 Wien wird Bischofssitz.

1529 Erste Türkenbelagerung.

1618–1648 Dreißigjähriger Krieg – die Schweden stehen vor Wien.

1679 Pestepidemie mit mindestens 75.000 Wiener Opfern.

1683 Zweite Türkenbelagerung, Großwesir Kara Mustafa hält mit etwa 120.000 Soldaten über zwei Monate die Stadt in Angst und Schrecken – am 12. September kommt das Entsatzheer unter dem polnischen König Jan III. Sobieski den Wienern zu Hilfe und schlägt die Türken in die Flucht.

DAS GROSSREICH DER HABSBURGER ENTSTEHT

ab 1683 Militärische Erfolge der Habsburger unter Prinz Eugen von Savoyen gegen die Türken – Eroberung Ungarns und Siebenbürgens.

1717–1790 Barockzeitalter im Zeichen Maria Theresias (1717–1780) und ihres Sohnes Joseph II. (1741–1790), die Zeit des „aufgeklärten Absolutismus" – denkwürdige Neuerungen wie Abschaffung der Folter und der Leibeigenschaft, Recht auf Bildung.

Mitte bis Ende des 18. Jh. Bau des Schlosses Belvedere, des Palais Liechtenstein und Schönbrunns.

Anfang des 19. Jh. Zweimalige Besetzung Wiens durch die Truppen Napoleons.

1806 Kaiser Franz II. muss unter dem Druck des französischen Feldherrn die Deutsche Kaiserkrone niederlegen – Beginn der „Donaumonarchie".

DER ZERFALL DER DONAUMONARCHIE

1814 Wiener Kongress mit Neuordnung Europas.

1814–1848 Brutaler Polizeistaat unter Staatskanzlers Metternich, Biedermeier Zeitalter – Schaffensperiode Ludwig van Beethovens und Franz Schuberts.

1848 Märzrevolution und dann Wiener Oktoberrevolution. Franz Joseph I. wird zum Kaiser gekrönt.

1866 In der Schlacht bei Königgrätz verliert Österreich die Vormachtstellung innerhalb des Deutschen Bundes an Preußen.

1867 Österreichisch-Ungarischer Ausgleich, in dem der Kaiser Österreichs gleichzeitig König von Ungarn wird.

ab 1870 Verstärkte Industrialisierung, Schleifung der Stadtmauer, stattdessen Bau der Ringstraße mit ihren Monumentalbauten.

ab 1875 Wien entwickelt sich zur Weltstadt und erreicht durch den starken Zuzug aus den Kronländern (Böhmen, Bukowina, Galizien, Kroatien, Mähren, Siebenbürgen, Ungarn u. a.) mehr als 1 Mio. Einwohner.

1916 Wien zählt 2,2 Mio. Einwohner.

1914 Ermordung des Thronfolgers Franz Ferdinand in Sarajevo, Kriegserklärung Franz Josephs I. an Serbien, Ausbruch des Ersten Weltkrieges.

1918 Ende des Krieges. Zusammenbruch des Habsburgerreiches – Österreich entsteht.

DIE ERSTE REPUBLIK, DER ANSCHLUSS AN NAZIDEUTSCHLAND UND DER ZWEITE WELTKRIEG

1918 Ausrufung der Ersten Republik.

ab 1920 Schwere Wirtschaftskrise, aber „Goldenes Zeitalter" der Kulturschaffenden.

1933 Ausschaltung des demokratisch gewählten Parlaments durch Bundeskanzler Engelbert Dollfuß – Ausrufung eines autoritären austrofaschistischen Ständestaates.

bis 1938 Regierung Kurt Schuschniggs.

1938 Anschluss Österreichs an Hitler-Deutschland – der von dem Großteil der österreichischen Bevölkerung begeistert gefeiert wird.

1939–1945 Der Zweite Weltkrieg mit der brutalen Dezimierung der Juden und heftigen Bombardements vor allem 1944–1945.

1945 Befreiung der Stadt durch sowjetische Truppen am 18. April 1945 nach einer achttägigen Schlacht.

DIE ZWEITE REPUBLIK

1945 Ausrufung der Zweiten Republik – Teilung der Stadt in vier alliierte Besatzungszonen.

15.5.1955 Unterzeichnung des Staatsvertrages – Österreich wird unabhängig.

1956 Ungarnaufstand als erste Zerreißprobe des neuen Staates – gewaltige Menge an ungarischen Flüchtlingen.

Ab 1956 Österreich steht verstärkt im Zeichen der Neutralität – ein Balanceakt am Rande des Eisernen Vorhangs.

1973-1979 Bau der UNO-City in der Amtszeit des Bundeskanzlers Bruno Kreisky.

Anfang der 1990er-Jahre Öffnung der Grenzen nach Osten

1995 Österreich tritt der EU bei.

2006 Wien begeht das 250. Geburtsjahr Mozarts.

2008 Fußball-Europameisterschaft mit Endspiel in Wien.

2010 150 Jahre Mahler – in Wien finden diverse Konzerte zu Ehren des Komponisten Gustav Mahler (1860–1911) statt.

LEBEN IN DER STADT

Wien ist der ultimative Joker bei Stadt-Land-Fluss, denn die Stadt ist nicht nur **Hauptstadt Österreichs**, sondern gleichzeitig eines der **neun Bundesländer** und außerdem der Name des **kleinen Flusses**, der aus Niederösterreich kommend den Westen der Stadt kreuzt. Der **Bürgermeister** ist somit gleichzeitig der Landeshauptmann des Bundeslandes.

Wien stellt mit 1,68 Mio. Einwohnern nicht nur die bevölkerungsreichste Stadt des Landes dar – im Großraum Wien lebt mit etwa 2,3 Mio.

Menschen ein Viertel aller Österreicher –, sondern auch die zehntgrößte Stadt der Europäischen Union.

Innerhalb der EU gehört Wien zu den **wohlhabendsten Regionen**, wurde 2007 sogar als fünfreichste eingestuft. Zwar **boomen der Tourismus**, das Kulturleben und die Wirtschaft auf der einen Seite, aber bei der **Arbeitslosenquote** liegt Wien mit knapp 14 % im Vergleich zu den anderen Bundesländern auf dem letzten Platz. Und durch Kürzungen im Sozialwesen gehören **Bettler und Obdachlose** erneut zum Stadtbild. Wie so häufig suchen viele Politiker bei den **Ausländern** die Sündenböcke für die sozialen Ungerechtigkeiten, weshalb auch in Wien die **rechtspopuläre Partei FPÖ** von Heinz-Christian Strache hohe Wahlergebnisse erzielt.

Doch Wien war immer schon ein „Melting Pot" aus Ost und West. Noch heute sind die Spuren der Zuwanderer aus anderen Teilen der ehemaligen Donaumonarchie allgegenwärtig, sei es durch slawisch oder ungarisch klingende Nachnamen vieler Wiener, die „einheimische" Küche oder durch unzählige Entlehnungen aus dem Tschechischen und Jiddischen sowie diversen anderen Sprachen im örtlichen Dialekt.

Durch all diese Einflüsse entstand das, was man den „typischen" Wiener nennt – den es natürlich genauso viel oder wenig wie in jeder anderen Stadt gibt –, dem man nachsagt, er sei lebenslustig und phlegmatisch zugleich. Ein immerwährender Grantler – also ein ungemütlicher Zeitgenosse, der immerzu nörgelt und

◀ *Alte und neue Fassaden nebeneinander sind in Wien nichts Außergewöhnliches*

KLEINE SPRACHHILFE WIENERISCH

So manch bundesdeutscher oder Schweizer Besucher mag seine Schwierigkeiten mit dem Wienerischen haben. Dieser den bayerischen Mundarten verwandte Dialekt ist aufgrund seines äußerst gemischten Vokabulars – im Wienerischen finden sich u. a. tschechische, ungarische, italienische, französische, jiddische und rotwelsche (die Geheimsprache der Fahrenden und der Unterwelt) Lehnwörter – häufig für Nicht-Eingeweihte fast gänzlich unverständlich. Zwar verstehen die Wiener im Gegenzug Hochdeutsch, doch sind einige alltägliche Wörter durchaus anders: „Baba" (Tschüß), die „Bim" (die Straßenbahn), der „Fauteuil" (der Sessel), der „Greißler" (das Tante-Em-ma-Lädchen), das „Häferl" (die Tasse), „Jänner" (Januar), das „Krügerl" (0,5-Liter-Glas Bier), das „Leiberl" (das T-Shirt), der „Luster" (der Kronleuchter), die „Matura" (das Abitur), der „Plafond" (die Zimmerdecke), das „Sackerl" (die Tüte), der „Sandler" (der Penner), das „Seiterl" (0,33-Liter-Glas Bier), die „Semmel" (das Brötchen, das Weck), der „Sessel" (der Stuhl), der „Spritzer" oder „G'spritzte" (Wein- oder Saftschorle), das „Stiegenhaus" (das Treppenhaus), das „Trottoir" (der Bürgersteig) usw.

Wer sich eingehender mit dem Wienerischen befassen möchte, dem sei der Kauderwelsch Band 78 „Wienerisch – das andere Deutsch", erschienen beim REISE KNOW-HOW *Verlag, empfohlen.*

mürrisch dem Alltag begegnet – aber dann doch wieder höchst schmeichelhaft mit „küss die Hand gnä' Frau" oder geradezu ausgelassen mit „jetzt trink' ma noch a Flascherl Wein" das Leben im Dreivierteltakt meistert. Wichtig ist ihm, die Dinge des Alltags mit etwas **Leichtigkeit**, **Humor** und v. a. **Gemütlichkeit** zu meistern. Preußische Pünktlichkeit und übertriebene Pedanterie gehören dabei ebenso wenig zum guten Ton wie verbitterter Ernst und fehlende **Selbstironie**. Und doch legt man hier viel Wert auf Titel, wie z. B. den Magister (Mag.) oder Diplomingenieur (in Österreich DI). Ein Widerspruch in sich? Am besten hat es wohl der Wahlwiener Ödön von Horváth in seinem Zitat getroffen: „Eigentlich bin ich ganz anders – nur komm' ich so selten dazu!"

Vielleicht sind ja genau diese Gegensätze der Spiegel der auch so kontrastreichen Vergangenheit der Stadt, aber genauso seiner Gegenwart. Nach wie vor ist Wien ein Schmelztiegel von Menschen unterschiedlicher Herkunft, Kultur und Religion. So wurden etwa 24 % der Wiener Bevölkerung nicht in Österreich geboren und rund 16 % sind keine österreichischen Staatsbürger. Die größten Gruppen unter den Zuwanderern stellen heutzutage Menschen türkischer Herkunft mit etwa 48.000 und Personen aus den Nachfolgestaaten des ehemaligen Jugoslawien mit ca. 120.000. Auffallend stark angestiegen ist außerdem die Zahl der Deutschen, die bereits knappe 23.000 „Wahlwiener" stellen, darunter viele junge Menschen, die zum Studieren in die Stadt an der Donau kommen.

Wien genießt weltweit den guten Ruf der **hohen Lebensqualität** und

VERHALTENSTIPPS FÜR WIEN?

*Geht es da nicht genau so zu wie in Deutschland oder in der Schweiz? Nun, genau in dieser Frage liegt das große Problem. Zwar ist Österreich sicher **kein exotisches Land** jenseits der mitteleuropäischen Wertegesellschaft, aber gerade deutsche Besucher spüren doch recht häufig, dass man sie nicht gerade mit brennender Sympathie, ja geradezu einer gewissen Distanz empfängt. Und diese Tatsache hängt in erster Linie damit zusammen, dass Österreicher sich oft von ihren nordwestlichen „Cousins" nicht für voll genommen fühlen bzw. sie das Gefühl haben, dass ihre Eigenständigkeit nicht geachtet wird. Denn **Österreich ist nun mal anders**, vieles läuft hier eben gar nicht so wie in Deutschland oder der Schweiz und darauf ist man nun mal auch gewissermaßen stolz. Ein **historischer Blick** auf das Land zeigt schnell, dass Österreich eine Geschichte durchlebt hat, die nur sehr selten mit der deutschen oder eidgenössischen zu vergleichen war. Man orientierte sich nach Osten und Südosten und speziell in Wien ist die Mentalität wohl mehr durch Tschechen oder Ungarn geprägt als durch Deutsche oder Schweizer. Österreich war - und ist es gewissermaßen immer noch - ein **Vielvölkerstaat** und deshalb sollte man auf keinen Fall erwarten, dass hier alles wie zu Hause ist.*

032wi Abb.: mw

verfügt z.B. im Vergleich zu anderen Großstädten über eine **sehr niedrige Kriminalitätsrate**. Das **öffentliche Nahverkehrsnetz** ist geradezu vorbildlich, sodass ein eigenes Auto speziell im Innenstadtbereich häufig eher als Belastung wahrgenommen wird, nicht zuletzt wegen der recht **eigentümlichen Parkverordnung**, wonach überall innerhalb des Gürtels ein Parkschein notwendig ist und man für eine mehr als zweistündige Parkdauer auf die meist sehr **teuren Parkhäuser** ausweichen muss. Ganz kostenlos ist man mit dem Fahrrad unterwegs, eine Alternative, die durch die **allgegenwärtigen Fahrradwege** immer beliebter wird.

Nach all diesen Informationen dürfte es kaum erstaunen, dass Wien im April 2009 von der Mercer Unternehmensberatung zur weltweit lebenswertesten Stadt erklärt wurde!

WIEN ALS BRÜCKE
ZWISCHEN OST- UND WESTEUROPA

Es war der österreichische Kabarettist Karl Farkas (1893–1971), der vor einigen Jahrzehnten, zwar ironisch, aber dennoch sehr aufschlussreich, sagte: „Wir Wiener blicken vertrauensvoll in unsere Vergangenheit." So paradox es klingen mag, aber dieses Zitat ist durchaus zukunftsweisend. Österreich – und somit auch Wien ganz speziell – hat wie kaum ein Land in Europa seit Jahrhunderten einen **Spagat zwischen Ost und West** zum Besten gegeben.

Als Hauptstadt des Habsburgerreiches war Wien das **Zentrum eines Vielvölkerstaates,** in das Menschen aus allen Teilen des Reiches strömten. Immer wieder wollten viele das internationale Image Wiens zerstören, so z. B. nach dem Ersten Weltkrieg, als das große Kaiserreich zu einer winzigen Republik schrumpfte. Man dachte, dass Österreich nicht lebensfähig sei, und verirrte sich in Nationalismus und später Faschismus. Am 15. Mai 1955 hatte Österreich nach vielen aufwendigen Verhandlungen und mit viel Diplomatie die vier Alliierten dazu bewegen können, den Staatsvertrag zu unterzeichnen und das Land sich selbst zu überlassen. Dass dabei für viele Österreicher das nationale Gewissen über Mittäterschaft während der Nazizeit vernebelt wurde, sei dabei zumindest am Rande bemerkt. Die Jahrzehnte nach dem Staatsvertrag lebte Österreich vor sich hin und verwies in schweren Zeiten auf seine **Neutralität,** war dabei aber gleichzeitig Gesprächspartner für die Mächte vor und hinter dem Eisernen Vorhang.

Erst mit der politischen und wirtschaftlichen Öffnung der Nachbarstaaten des ehemaligen Ostblocks konnte Österreich als Land und Wien als Region wieder aus dem Vollen schöpfen. Touristen reisten zum ersten Mal seit vielen Jahrzehnten wieder über **die offenen Grenzen Ostösterreichs** und auch die wirtschaftlichen Vernetzungen waren schnell vollzogen. Dies brachte es mit sich, dass das Straßen- und Schienennetz im ganzen Donaubecken enorm erweitert wurde und auch der Ausbau des Flughafens und der Bahnhöfe in Wien bis heute nicht zuletzt mit den gestiegenen Besucherzahlen aus Osteuropa zu tun haben.

033wi Abb.: dk

◀ *Fast immer die schnellste Verbindung: die Wiener U-Bahn*

034wi Abb.: dk

DER BALKAN FÄNGT AM RENNWEG AN!

*Es war Staatskanzler Fürst von Metternich-Winneburg zu Beilstein (1773-1859), der den legendären Satz „**der Balkan fängt am Rennweg an**" prägte. Was auch immer er damit meinte (der Rennweg [H7-J9] ist eine nach Südosten führende Ausfallstraße im 3. Gemeindebezirk), Wien hatte immer und hat zumindest im übertragenen Sinne einen Fuß im Osten und Südosten Europas. Ein Blick ins Telefonbuch zeugt auch gegenwärtig noch von diesem Erbe, denn eine erstaunlich hohe Zahl der Nachnamen klingt „ungermanisch". Wer ein bisschen **ausländisches Flair** erleben möchte, dem sei ein Besuch des Mexikoplatzes (U-Bahn-Station Vorgartenstraße [J4]), einem beliebten Treffpunkt und Handelsplatz von Zuwanderern im 2. Bezirk, oder des Brunnenmarktes im traditionellen 16. Immigrantenbezirk namens Ottakring (U-Bahn-Station Thaliastraße [A/B5]) zu empfehlen. Erwähnenswert ist das nahegelegene, sagenhaft große türkische Restaurant Kent (s. S. 33).*

Österreich ist heutzutage für die meisten ehemaligen Ostblockstaaten einer **der wichtigsten Handelspartner,** investiert im großen Stil in Infrastruktur und den Dienstleistungssektor und die **Zusammenarbeit** floriert auch auf kultureller und politischer Ebene. In diesem Geiste wurde 2003 die **Europaregion Centrope** gegründet, die das Burgenland, Niederösterreich, entsprechende Landschaftsverbände in Tschechien, der Slowakei und Ungarn sowie die **Twin Cities Wien** und das nur 60 km entfernte **Bratislava** zu einer pulsierenden Megazone – auch im kulturellen Sinne (siehe dazu www.k2centrope.com) – mit rund 6 Mio. Einwohnern zusammenschließt.

Seit dem 21. Dezember 2007 wurde außerdem der **Schengenraum** auf Tschechien, die Slowakei und Ungarn ausgedehnt, sodass erstmals seit 1918 die Grenzen zwischen Österreich und seinen östlichen Nachbarn wieder **ohne Grenzkontrollen** und an jeder beliebigen Stelle überquert werden können. Wenn sich auch noch manch ein unverbesserlicher Rechtspopulist an diesen Entwicklungen stören mag und eine Verfremdung Wiens heraufbeschwört, so sind die Weichen der Zeit gestellt und es bleibt zu hoffen, dass die Völker aus Ost und West weiter zusammenwachsen und die gar nicht so großen Unterschiede überwinden. Schwer zu glauben? Wie wäre es dann mit einem vertrauensvollen Blick in die Vergangenheit?

◀ *Der Sitz der OPEC im 2. Bezirk*

WIEN ENTDECKEN

004wi Abb.: dk

INNERE STADT (1. BEZIRK)

Der 1. Wiener Gemeindebezirk – auch Innere Stadt genannt – bildet den alten Stadtkern der österreichischen Bundeshauptstadt. Bis in der zweiten Hälfte des 19. Jh. diverse umliegende Siedlungen eingemeindet wurden, war dieser Bezirk auch weitestgehend deckungsgleich mit der Stadt Wien. Noch heute gilt: Wer nur einen Tag in Wien hat, der bekommt auf den 2,88 km² des 1. Bezirks all das geboten, was man braucht, um mitreden zu können.

➊ STEPHANSDOM UND STEPHANSPLATZ ✶ ✶ ✶ [G6]

Das Zentrum Wiens ist der gewaltige Stephansplatz, der buchstäblich im Schatten der noch gewaltigeren Domkirche Sankt Stephan zu Wien – kurz Stephansdom – steht. Der Stephansdom ist das sehenswerteste gotische Bauwerk Österreichs und das Wahrzeichen der Stadt.

Der von den Wienern im Volksmund liebevoll „Steffl" genannte Dom präsentiert sich als **auffälligster Prunkbau der Inneren Stadt**, der seit knapp 900 Jahren das Antlitz Wiens prägt und über zahlreiche bauliche Besonderheiten verfügt. Die Anfänge des Domes liegen vermutlich im Jahre 1137, als der Markgraf Leopold IV. mit dem Bischof von Passau einen Tauschvertrag abschloss, nach dem es dem Bischof ermöglicht wurde, außerhalb der damaligen Stadt ein Gotteshaus zu errichten, das dem Patron der Bischofskirche von Passau, dem heiligen Stephanus geweiht sein sollte.

◀ *Vorseite: Schloss Schönbrunn (s. S. 99)*

1147 wurde die ursprüngliche Kirche fertiggestellt und noch im selben Jahr vom Passauer Bischof geweiht.

1230–1245 und 1263 entstanden weitere spätromanische Anbauten, von denen noch heute die Westfassade mit dem **Riesentor** genannten Portal besteht. Über das Riesentor betritt man den Dom und sollte dabei unbedingt einen Blick auf die Seitenkapellen und ihre herrlich gearbeiteten **Steinrosenfenster** werfen. Mit Beginn des 14. Jh. folgten Anbauten im gotischen Stil, wie der prächtige Albertinische Chor, an dessen südlichem Strebepfeiler sich die älteste Sonnenuhr Wiens befindet, der Neubau des Langhauses, der Dachstuhl sowie der 136,4 m hohe **Südturm**, den man über eine 343 Stufen zählende, enge Wendeltreppe erklimmen kann (tgl. 9–17.30 Uhr, 3,50 €) und von dem man einen atemberaubenden Blick über die Stadt hat.

Als 1469 Wien zum Bistum erhoben wurde, ernannte man die Kirche Sankt Stephan offiziell zur Kathedrale. Kurz zuvor legte Friedrich III. den Grundstein für den **Nordturm**, für dessen Bindemittel der Legende nach der Wein eines ganzen Jahrgangs verwendet wurde. Wem die Besteigung des Südturms zu anstrengend erscheint, der kann auf den Lift im Nordturm ausweichen (hinter dem Orgelfuß, 4,50 €). Im 16. Jh. folgte die aufwendig gearbeitete **Kanzel** und der **Orgelfuß** mit dem Selbstbildnis des Erbauers Anton Pilgram. 1578 wurde auf den Nordturm die **Welsche Haube**, ein achteckiger Aufbau, gesetzt und 1637 bis 1650 wurde dann die Inneneinrichtung – vor allem der in schwarzem Marmor gearbeitete **Hochaltar** – barockisiert.

Während der Zweiten Türkenbelagerung im Jahre 1683 musste der Dom stark unter dem Beschuss feindlicher Artillerie leiden. Aus den feindlichen Kanonenkugeln goss man die etwa 20 Tonnen schwere, große Glocke – **Pummerin** genannt –, die im Nordturm hängt. 1723 wurde der Dom zur Metropolitankirche des Erzbischofs von Wien erklärt.

Kurz darauf ließ Kaiser Karl VI. den Friedhof der Kirche (Stephansfreithof) schließen und im Gegenzug ein ausgedehntes Katakombensystem bauen, von dem die **Herzogengruft** oder **Herzogskrypta** (neben dem Lift zum Nordturm, nur mit Führung, 4,50 €) zugänglich ist. Dort wird die Asche einiger Habsburger, zahlreicher Wiener Kardinäle, Erzbischöfe und Mitglieder des Domkapitels in Urnen aufbewahrt.

Obwohl der Wiederaufbau des durch Brandschäden zerstörten Doms sofort nach Kriegsende begann, blieb der Stephansdom bis 1952 für die Öffentlichkeit geschlossen, bis die neu gegossene Glocke feierlich wieder im Nordturm installiert wurde. Wer den Dom sonntags zum Gottesdienst besuchen möchte, kommt sicherlich in den musikalischen Genuss der großen, auf der Westempore gelegenen **Orgel**, die Ende der 1950er-Jahre erbaut wurde. Wer genug der sakralen Stimmung innerhalb des Domes hat, der sollte nicht versäumen, das Bauwerk auch von außen zu begutachten, denn die Wände des Domes sind mit **Epitaphen** (Grabmaltafeln) übersät, die aus dem Stephansfreithof genommen wurden.

▶ *Der Stephansdom ist von praktisch überall in der Inneren Stadt zu sehen und damit immer ein guter Orientierungspunkt*

035wi Abb.: dk

❭ Stephansplatz, U-Bahn-Station Stephansplatz, Tel. 01 515523526, www.stephansdom.at, Mo.-Sa. 6-22 Uhr, So. und Feiertag 7-22 Uhr, Führungen Mo.-Sa. 10.30 und 15 Uhr, So. und Feiertag 15 Uhr

Selbstverständlich ist der Stephansplatz auch rund um den Dom sehenswert. Schräg gegenüber des Riesentors liegt das 1990 von Hans Hollein errichtete **Haas-Haus**, ein faszinierendes Gebäude, das durch seine moderne Glasfront, die Eckrundung – dem römischen Lagergeviert nachempfunden – und den großen, die Rundung abschließenden Erker von Anfang an für kontroverse Meinungen sorgte. Neben internationalen Modegeschäften und flippigen Designershops befindet sich im 7. Stock des Hauses das Flaggschiff von Starkoch Attila Dogudans Gourmetimperium, das exklusive **Restaurant DO & CO** (s. S. 33).

❷ GRABEN ★ ★ ★ [G6]

Der Stephansdom mag zwar der geografische Mittelpunkt Wiens sein, wer aber wirklich Großstadtflair erleben möchte, der sollte sich knappe 200 m in südwestlicher Richtung auf die berühmteste Flaniermeile der Stadt, den mit prachtvollen Jugendstil-, Biedermeier- und Barockfassaden sowie luxuriösen Geschäften gesäumten Graben bewegen.

Diese exklusive Prunkzeile ist eine der elegantesten (und teuersten) Einkaufsstraßen Europas, die am Stockim-Eisen-Platz beginnt, wo sich das **Palais Equitable** (Sitz der Hauptfiliale der Porzellanmanufaktur Augarten, s. S. 20) und das von Otto Wagner 1895 gebaute **Ankerhaus** befindet und wo in etwa die Abzweigung zur Spiegelgasse liegt. Der Graben

endet nach knappen 400 m an der Verzweigung nach links zum Kohlmarkt und nach rechts in die Tuchlauben. Er geht bereits auf das alte Römerlager Vindobona zurück und war bis ins Mittelalter der Burggraben, der vor der Stadtmauer lag. Erst während der **babenbergischen Stadterweiterung** wurde er am Ende des 12. Jh. zum Straßenzug und später zum Marktplatz umfunktioniert. Bis ins 18. Jh. diente der Graben hauptsächlich als Gemüsemarkt und erst später als Schauplatz verschiedenster Stadtfestivitäten wie Triumphzügen und Erbhuldigungsfeiern zu Ehren des Hofes. Nicht mehr klar zu rekonstruieren ist wohl, ob bei diesen Feierlichkeiten tatsächlich Wein aus den beiden, noch heute hier zu sehenden Brunnen – dem **Josefsbrunnen** und dem **Leopoldsbrunnen** – sprudelte.

Zu Beginn des 19. Jh. setzte sich der Aufschwung des Grabens fort und er wurde durch die Ansiedlung von immer mehr Luxusgeschäften zur (zusammen mit der Kärntner Straße) exklusivsten Einkaufsstraße Wiens. Durch diese Entwicklung und den zunehmenden Verkehr waren bauliche Veränderungen nötig und in Folge verschwanden so gut wie alle Gebäude aus der Barockzeit mit Ausnahme des **Palais Bartolotti-Partenfeld** auf der Nr. 13 – in dem sich heute der Herrenausstatter und ehemalige k. u. k. Hoflieferant **Knize** (s. S. 19) befindet – und der etwas zurückversetzten **Peterskirche** (in der Habsburgergasse gelegen) sowie der am 10. Oktober 1679 von Kaiser Leopold I. anlässlich einer Pestepidemie in Auftrag gegebenen und 1692 fertiggestellten, äußerst beeindruckenden **Pestsäule**.

Zu Anfang des 20. Jh. war der Graben dann in etwa das, was er heute noch ist, obwohl er erst 1974 zur ersten Fußgängerzone Wiens erklärt wurde. Spätestens seit dieser Zeit verfügt er sowohl architektonisch als auch einkaufstechnisch über genügend Höhepunkte, wie z. B. – neben den bereits beschriebenen Adressen – das Prachtgebäude des Traditionsunternehmens **E. Braun & Co.** auf der Nr. 8, in dem sich heute H&M angesiedelt hat, das Modehaus **Liska** (s. S. 19) auf der Nr. 12 sowie die Feinkost-Filiale der österreichischen Supermarktkette **Julius Meinl** (s. S. 21) an der Ecke zur Verlängerung des Grabens, der Naglergasse.

Als Herzstück des Stadtzentrums hat der Graben auch in unmittelbarer Nähe reichlich Sehens- und Schmeckenswertes zu bieten. Verlässt man ihn auf den Kohlmarkt, dürften dem Besucher speziell die prunkvollen Fassaden der hiesigen Geschäfte auffallen. Auf der Nr. 14 befindet sich der traditionsreiche **k. u. k. Hofzuckerbäcker Ch. Demel's Söhne** (s. S. 28), schlichtweg ein Erlebnis der Superlative in Sachen Kuchen, Torten und Mehlspeisen! Eine weitere bekannte Adresse rund um den Graben ist das in der Dorotheergasse gelegene **Café Hawelka** (s. S. 26) der Künstler und Lebenskünstler. Schräg gegenüber liegt der berühmte Stehimbiss **Trześniewski** (s. S. 34) und vis-à-vis befindet sich das Gasthaus **Reinthaler's Beisl** (s. S. 31). Folgt man der Dorotheergasse weiter – hier ist das pittoreske Antiquitätenhändlerviertel –, kommt kurz darauf auf der linken Seite das **Jüdische Museum** (s. S. 42) sowie etwas dahinter Wiens größtes Auktionshaus, das **Dorotheum** (s. S. 19).

❯ U-Bahn-Station Stephansplatz

037 wi Abb.: dk

❸ KÄRNTNER STRASSE ★ ★ [G6]

Die verkehrsberuhigte Kärntner Straße bildet zusammen mit dem Graben Wiens Shoppingmeile schlechthin. Sie verläuft zwischen dem Stephansplatz und der Staatsoper und ist gleichermaßen mit schicken Läden des gehobenen Einzelhandels, internationalen Modegeschäften und Kaufhäusern sowie diversen, vor allem auf Touristen abgestimmten Restaurants und Kaffeehäusern gesäumt. Zwischen Frühling und Sommer geben sich hier allerlei Straßenmusikanten und diverse andere Künstler ein Stelldichein und unterhalten sowohl die Einheimischen als auch die shoppingwilligen Fremden.

◄ *Einen Abstecher wert: die Anfang des 18. Jh. erbaute Peterskirche*

▲ *Blick vom Außenlift des Kaufhauses Steffl über die Kärntner Straße*

038wi Abb.: dk

Ausgrabungen offenbarten, dass auch die Kärntner Straße bereits zur Zeit der Römer bestanden hat. Allerdings war sie – damals Strata Carinthianorum genannt – wohl vorerst nichts weiter als ein kleines Gässchen innerhalb des stark befestigten Militärlagers, auf dessen Überresten die heutige Innere Stadt liegt. Erstmals urkundlich erwähnt wurde die Straße 1257 als Verbindung zwischen dem Stadtzentrum und dem Kärntner Tor der Stadtmauer, die damals etwa dort lag, wo heute die Walfisch- und Philharmonikergassen kreuzen.

Die Straße hat ihren Namen von Kärnten – unter den Römern Carinthia als Teilgebiet der Provincia Noricum. Bereits damals stellte ihre Verlängerung eine wichtige Verkehrsader zu den Hafenstädten an der Adria dar. Ab dem Mittelalter und bis ins 16. Jh. lag direkt an der Kärntner Straße ein

▲ *Direkt an der Kärntner Straße – die Malteserkirche, Hausnummer 37*

Friedhof, der zu einem nahen Bürgerhospital gehörte. Erst ab der zweiten Hälfte des 19. Jh. entwickelte sie sich dann zur Einkaufsstraße und in der Gründerzeit entstand, zumindest architektonisch, ihr heutiges Antlitz, wobei dieses gerade in den letzten beiden Jahren des Zweiten Weltkriegs durch die Bombardements schwer in Mitleidenschaft gezogen wurde.

Erst 1974 wurden die Autos weitestgehend aus der Straße verbannt und auch die angrenzenden Gassen zur **Fußgängerzone** erklärt. Das war dann auch das Ende des Straßenstrichs, der sich in diesem Karree großer Beliebtheit erfreute. Nun wurde die Kärntner Straße auch abends richtig gesellschaftsfähig. Speziell die Himmelpfort-, Johannes- und Annagasse, aber auch die Krugerstraße können nicht nur bautechnisch als Erweiterung der Kärntner Straße angesehen werden, sondern auch kulinarisch, denn hier befinden sich ebenfalls einige Lokale, Restaurants und Bars, allen voran das **Café Frauenhuber** (s. S. 26) in der Himmelpfortgasse 6–8, mit einer beachtlichen Auswahl an Mehlspeisen. Zu weiteren sehenswerten Lokalen gehört die kleine, feine, von Adolf Loos 1907–1908 im klassischen, klaren und schnörkellosen Jugendstil erbaute **Loos-Bar** (s. S. 37) im Kärntner Durchgang.

Wer genug der Gaumenfreuden hat, dem sei versichert, dass die 788 m lange Kärntner Straße mit ihren etwa 160 Geschäften, edlen Boutiquen und Flagship-Stores nicht umsonst die berühmteste, aber wahrscheinlich auch **touristischste Einkaufsstraße Österreichs** darstellt. Zu den sehenswerteren Geschäften zählen die Nr. 26 mit dem exklusiven Glas- und Lampengeschäft **J. & L. Lobmeyr**, die durch moderne Glasfassaden hier architektonisch außergewöhnliche Nr. 19 mit dem renommierten Kaufhaus **Steffl** (s. S. 23) sowie das traditionsreiche Modehaus **Fürnkranz** in der Nr. 39 (s. S. 19).

Geschichtlich interessierte Besucher sollten außerdem die Hausnummer 37 nicht verpassen. Sie beherbergt die aus der Mitte des 15. Jh. stammende **Maltesterkirche**, in der Abraham a Santa Clara (1644–1709) während des Türkenkriegs und der Pestepidemie den verängstigten Bürgern Wiens durch seine Predigten Mut einflößte. Dieses vor allem durch die Barockzeit geprägte Bauwerk besteht nur aus einem einschiffigen Raum und zeichnet sich durch das 1730 von Johann Georg Schmidt gemalte Hochaltarbild sowie das klassizistische Denkmalrelief aus.

Im **Palais Esterházy**, der Nr. 41, wo sich heute das Spielcasino Cercle Vienna befindet, stand bis Anfang der 1970er-Jahre das Modehaus des berühmtesten Modeschöpfers Österreichs der Nachkriegsjahre: Fred Adlmüller. Sowohl in Sachen Haute

039wi Abb.: dk

Couture für die Damen als auch bei hochwertiger Herrenmode – bis hin zu den Staatsfräcken der Bundespräsidenten –, Adlmüllers Kreationen waren stets klassisch elegant. Kein Wunder, dass gerade ältere Wienerinnen davon immer noch schwärmen.

Verlässt man die Kärntner Straße gegenüber der Staatsoper **⑫** nach rechts in die Philharmonikergasse, erreicht man das weltberühmte **Hotel Sacher** (s. S. 118).

> U-Bahn-Station Stephansplatz oder Karlsplatz

❹ JUDENGASSE UND „BERMUDADREIECK" ★ ★ [G6]

Das etwas erhöht gelegene Areal unweit des Donaukanals zählt zu den historisch bedeutendsten Gegenden Wiens, denn hier war die römische Legion stationiert, die die Siedlung

EXTRAINFO

Sterben wie ein Kaiser
Von der Mitte der Kärntner Straße erreicht man rechter Hand über die Marco d'Aviano Gasse den Neuen Markt, einen kleinen romantischen Platz, der viel Ruhe ausstrahlt inmitten des sonst so hektischen Stadtzentrums. Hier befindet sich die **Kapuzinerkirche**, in deren Kellergeschoss die **Kapuzinergruft** (s. S. 42) liegt. Seit 1633 wurden dort unten die Familienmitglieder der Habsburger beigesetzt. 16 Kaiserinnen, zwölf Kaiser und knapp 100 Erzherzöge ruhen in reich verzierten, oftmals prunkvollen Sarkophagen und bieten damit ein außergewöhnliches Erlebnis einer definitiv vergangenen Zeit.

▲ *Schon von außen ist das Geschäft J. & L. Lobmeyr eine wahre Pracht*

Vindobona gründete. Heutzutage ist das Gebiet um Judengasse, Rabensteig, Seitenstettengasse und den Hohen Markt wegen seiner ausgeprägten Kneipendichte bekannt und wird speziell freitags- und samstagsabends stark frequentiert.

Es dürfte daran liegen, dass in den Lokalen öfters Personen bis in die frühen Morgenstunden „verschollen bleiben" und danach über amnesieähnliche Zustände klagen, dass man dieses Viertel auch gerne als „Bermudadreieck" bezeichnet.

Begonnen hat das rege Nachtleben durch eine Liberalisierung der Gewerbeordnung und die damit verbundene Gründung des Bierlokals **Krah-Krah** (s. S. 37) durch den Wirt Sepp Fischer im Jahre 1980. Der Name Krah-Krah und die drei Raben im Logo wurden übrigens nicht zufällig gewählt, da sich hier bereits Anfang des 19. Jh. eine Schänke mit dem Namen Zu den drei Raben befand, daher auch der Name der Gasse: Rabensteig. Weitere bekannte Adressen sind das **Bermuda Bräu** (s. S. 37), der für Livemusik bekannte **Rote Engel** (s. S. 38), das aufgrund seiner Cocktails populäre **Ron Con Soda**, das **Plem Plem** oder das vom zeitgenössischen Wiener Architekten Hermann Czech gestaltete **Salzamt**.

Aber auch tagsüber ist diese Gegend sehenswert, zumal die engen kopfsteingepflasterten Gassen immer noch etwas vom Flair des alten Wien widerspiegeln, wie man es sonst kaum noch findet. Bereits vor dem Zweiten Weltkrieg und danach bis in die späten 1970er-Jahre war hier in der Judengasse ein jüdisches Textilviertel, in dem zahlreiche Textilkaufhäuser für Großhändler betrieben wurden. In der Seitenstettengasse 4 befindet sich auch die

Israelitische Kultusgemeinde sowie die als **Stadttempel** bezeichnete älteste (1826) noch bestehende Synagoge Wiens. Eine Besichtigung ist nach vorheriger Absprache mit dem Sekretariat oder noch besser über eine Führung durch das Jüdische Institut für Erwachsenenbildung möglich.

> Stadttempel, Seitenstettengasse 4, Tel. 01 5310411
> Jüdisches Institut für Erwachsenenbildung, Praterstern 1, Tel. 01 2161962, www.vhs.at/vhs02_home.html

Bis heute befinden sich auf der Judengasse Bekleidungsgeschäfte, allerdings handelt es sich dabei um preislich hoch angesiedelte, aber kultige Designerboutiquen. Jenseits der hier endenden Fußgängerzone trifft man auf den **Hohen Markt**, einen mit neoklassizistischen Gebäuden gesäumten Platz, bei dem speziell die Nr. 10 und 11 zu erwähnen sind. Denn hier werden die beiden Trakte des Ankerhofes durch eine Brücke verbunden, auf der sich eines der herausragendsten Werke des Jugendstils befindet: die **Ankeruhr**. Die in der Diagonale 4 m messende Uhr wurde zwischen den Jahren 1911 und 1917 nach den Entwürfen des Künstlers Franz Matsch gebaut und stellt ein Tribut an 15 berühmte Persönlichkeiten, die die Stadt prägten – u. a. Marc Aurel, Karl der Große, Walther von der Vogelweide, Prinz Eugen von Savoyen, Kaiserin Maria Theresia und ihr Gatte Franz I. von Lothringen und Joseph Haydn – dar. Diese sind als Kupferfiguren zu sehen und erscheinen nacheinander zu jeder vollen Stunde, jeweils mit einem zu ihnen und ihrer Epoche passenden Musikstück. Um Punkt zwölf Uhr mittags paradieren sie sogar alle gemeinsam.

Am südwestlichen Ende des Hohen Marktes führt die Marc-Aurel Straße bzw. die Tuchlauben wieder auf den Graben. Besonders erwähnt sei hier der **Eissalon Tuchlauben** (s. S. 28), an dem im Sommer Wartezeiten von bis zu 10 Minuten in Kauf genommen werden müssen (es lohnt sich!), sowie das **Café Korb** (s. S. 26) auf der Brandstätte 9, eines der urigsten und originellsten Kaffeehäuser der Stadt mit dem vielleicht flockigsten Kaiserschmarrn überhaupt.

> U-Bahn-Station Schwedenplatz

▲ *Ein Meisterwerk des Wiener Jugendstils – die Ankeruhr*

❺ RUPRECHTSKIRCHE ✶ ✶ [G6]

Auf dem Erkundungszug durch das alte Wien sollte man auf keinen Fall die kleine Ruprechtskirche übersehen, die über dem Donaukanal thront. Von ihrem Standort aus hat man einen guten Ausblick auf das andere Ufer mit seinen mondänen, verglasten Bürogebäuden, darunter auch der Sitz der OPEC im 2. Bezirk.

Die südlich des Kanals gelegene Ruprechtskirche ist möglicherweise **die älteste Kirche Wiens.** Vielleicht stand sie bereits im Jahre 740, als sich auf diesem Platz laut Meinung einiger Historiker der erste Markt der Stadt, der Kienmarkt, befand. Die älteste urkundliche Erwähnung findet sich jedoch erst im Jahre 1200, als die Kirche und andere religiöse Bauten vom Herzog Heinrich II. Jasomirgott dem Schottenstift (Am Hof ㉒) geschenkt wurde. Es wird allerdings auch davon ausgegangen, dass hier die Pfarrei der Stadt ihren Sitz hatte, bevor sie im Jahre 1147 in den Stephansdom übersiedelte. Die Kirche ist zu Ehren des Heiligen Rupert geweiht, der gleichzeitig der Schutzpatron der Salzhändler und der Stadt Salzburg ist. Salz galt im Mittelalter

▲ *Die mittelalterliche Ruprechtskirche liegt versteckt oberhalb des Donaukanals*

als eine der wichtigsten Waren schlechthin und der Handel wurde in Wien durch das sog. **Salzamt** verwaltet, das seinerseits im Praghaus direkt an den Turm der Ruprechtskirche angebaut lag.

Unweit der Ruprechtskirche, auf dem noch heute vorhandenen Salzgries, wurde Salz unter der Oberaufsicht des Salzamtes an Einzelhändler verkauft, wobei die Salzer – vom Kaiser autorisierte Großhändler – auch dazu verpflichtet wurden, für die Erhaltung der Kirche Sorge zu tragen.

Mit Einführung des Salzfreihandels im Jahre 1824 wurde das Salzamt aufgelöst und wenige Jahre später demolierte man das Praghaus. Die Ruprechtskirche, so wie sie heutzutage besteht, ist das Ergebnis mehrfacher Umbauten. Sie ist speziell wegen der **ältesten Glasfenster Wiens** aus dem 13. Jh. sehenswert.

> Ruprechtsplatz, U-Bahn-Station Schwedenplatz, Mo./Mi./Fr. 10–12 Uhr, Di./Do. 14–16 Uhr

❻ SCHWEDENPLATZ ★ [H6]

Nördlich der Anhöhe von Judengasse und Ruprechtskirche bzw. vom Stephansplatz über die Rotenturmstraße zu erreichen, befindet sich einer der wichtigsten Verkehrsknotenpunkte der Stadt: der Schwedenplatz.

Es handelt sich dabei weniger um eine echte Sehenswürdigkeit im klassischen Sinne als vielmehr um einen sinnvollen Zwischenstopp auf der Erkundungstour Wiens, denn hier am Franz-Josefs-Kai hat man Anschluss an die U-Bahn und oberirdisch fahren diverse Straßenbahnlinien in praktisch alle Himmelsrichtungen, u. a. auch die Vienna-Ring-Tram (s. S. 115). Über die Schwedenbrücke überquert man den Donaukanal und verlässt dabei den 1. Gemeindebezirk in Richtung Leopoldstadt (2. Bezirk). Erwähnenswert am Platz selbst ist der stark frequentierte italienische **Eissalon am Schwedenplatz** (s. S. 28) und die davon unweit gelegene Kleinbühne **Theater am Schwedenplatz** (s. S. 40).

Ebenfalls interessant ist die östlich des Schwedenplatzes gelegene **Urania**, ein 1910 im Jugendstil erbautes ovales Gebäude, auf dem sich eine Kuppel mit Sternwarte befindet. In diesem Volksbildungshaus sind sowohl die Volkshochschule, ein Kino und ein Puppentheater als auch zahlreiche Vortrags- und Präsentationsräume untergebracht, denn hier ist alljährlich das Filmfestival Viennale beheimatet. Im Sommer werden die am Kanal gelegenen Grünflächen außerdem in Strandbäder mit aufgeschüttetem Sand und Liegestühlen umfunktioniert und hier unterhalb der Urania ankert neuerdings auch ein „Schwimmschiff". Historisch interessant ist der an den Schwedenplatz anschließende Morzinplatz, an dem sich das **Mahnmal für die Opfer der NS-Gewaltherrschaft** befindet.

> Station Schwedenplatz, diverse Straßenbahnlinien, u. a. Linien 1 und 2

042 wi Abb.: dk

◀ *Die vielleicht bekannteste Kulturstätte der Stadt – die Urania am Donaukanal*

DER RING, DIE PRACHTSTRASSE WIENS

Etwa bei der Urania beginnt die Ringstraße, umgangssprachlich häufig nur als Ring bezeichnet, die aufgrund ihrer zahlreichen historischen Bauwerke als eine der Hauptattraktionen Wiens angesehen werden muss. Die annähernd **kreisförmige Prachtstraße** *begrenzt die Innere Stadt und ist etwa 5,2 km lang, zählt man den Franz-Josefs-Kai mit. Wer diese Strecke nicht laufen möchte, kann sie mit der Vienna-Ring-Tram (s. S. 115) oder etwas stilvoller, dafür aber nicht billig, mit einem* **Fiaker** *(Pferdekutsche, s. S. 116) befahren. Die Ringstraße kann mehr oder weniger als Fortsetzung der alten Wehranlage betrachtet werden. Ab dem 13. Jh. lag in etwa hier die Stadtmauer, die in Folge der ersten Türkenbelagerung 1529 weiter ausgebaut wurde. Erst im Jahre 1857 wurde die Mauer geschliffen und Kaiser Franz Joseph I. (1830-1916) veranlasste an ihrer Stelle einen Boulevard zu errichten. Ab der zweiten Hälfte des 19. Jh. wurden einige der prachtvollsten Bauwerke Wiens gebaut, Parks angelegt und*
Plätze errichtet. Zu den Highlights entlang der Ringstraße gehören u. a. die vom Jugendstilarchitekten Otto Wagner (1841-1918) erbaute Postsparkasse am Georg-Coch-Platz, das Museum für angewandte Kunst ❽*, der Stadtpark (s. S. 47), der Schwarzenbergplatz, dahinter der Karlsplatz und die morgenländisch anmutende Karlskirche* ❿*, die Staatsoper* ⓬ *im Stil der Neorenaissance, die Hofburg* ⓮ *mit den Grünflächen des Burg- und Volksgartens, der eindrucksvolle Heldenplatz* ⓰ *und das Naturhistorische* ⓲ *und Kunsthistorische Museum* ⓱*, das Palais Epstein, das Parlament* ⓳ *im neo-attischen Stil, das Rathaus* ⓴ *im Stil der flämischen Gotik, das Burgtheater* ㉑ *sowie das neue Universitätsgebäude. Beachtet werden muss, dass die Ringstraße in Abschnitte unterteilt ist, die jeweils einen eigenen Namen tragen; diese sind im Uhrzeigersinn: Stubenring, Parkring, Schubertring, Kärntner Ring, Opernring, Burgring, Dr.-Karl-Renner-Ring, Dr.-Karl-Lueger-Ring und Schottenring.*

❼ STUBENTOR ★ ★ [H6]

Dort, wo früher das stark bewachte Stubentor in die ummauerte Stadt führte, ist ein erster möglicher Halt auf der Ringstraßenrundfahrt. Hier liegt der nach dem ehemaligen Wiener Bürgermeister Dr. Karl Lueger (1844–1910) benannte Platz, von dem die Wollzeile in nordwestlicher Richtung zurück auf die Rotenturmstraße führt. Dr. Karl Luegers Amtszeit war zwar durch zahlreiche kommunale Großprojekte

gekennzeichnet, die dem „kleinen Mann" zugutekamen, jedoch war er ein ausgesprochener Antisemit, weshalb das hier errichtete Denkmal bis heute umstritten ist.

Besonders erwähnt werden muss das am Dr.-Karl-Lueger-Platz gelegene **Café Prückel** (s. S. 27), eines der gleichzeitig gemütlichsten und authentischsten Kaffeehäuser der Stadt. Auf der besagten, etwa 600 m langen **Wollzeile** befinden sich außerdem von Osten nach Westen ein paar besuchenswerte Adressen:

z. B. auf der Nr. 38 das für den Tafel-spitz bekannte Restaurant **Plachut-ta** (s. S. 31), daneben das traditions-reiche **Kabarett Simpl** (s. S. 40) und weiter oben auf der Nr. 10 das durch seine Mehlspeisen berühmte, gemüt-liche **Café Diglas** (s. S. 26). Vis-à-vis auf der Nr. 11 findet sich die schlicht-weg beste Buchhandlung der Stadt namens **Morawa** (s. S. 19). Süßmäu-ler sollten mindestens einen Blick in die Auslage des Zuckerbäckers **L. Heiner OG** (s. S. 18) auf der Nr. 9 werfen. Wegen der riesigen Porti-onen nur wirklich Hungrigen emp-fiehlt sich ein Besuch des berühm-testen Schnitzellokals der Stadt, dem **Figlmüller** (s. S. 29) auf der Nr. 5, un-weit der Straße in der kleinen Passa-ge gelegen.

❽ MUSEUM FÜR ANGEWANDTE KUNST ⋆ [H6]

Auf dem Stubenring steht das Öster-reichische Museum für angewand-te Kunst und Gegenwartskunst, kurz MAK genannt. Handwerkskunst im Wandel der Zeit bezeichnet wohl am treffendsten, was den Besucher hier erwartet.

Das Gebäude wurde in den Jahren 1866–1871 nach den Plänen von Heinrich von Ferstel im Neorenais-sancestil errichtet und war ursprüng-lich als Vorbildersammlung für Künst-ler und Industrielle, aber auch als Aus- und Weiterbildungsstätte für Handwerker gedacht. Heute zählt es zu einer der **sensationellsten kunst-gewerblichen Sammlungen** Europas, verfügt aber auch über Artefakte der **Gegenwartskunst.** Im Tiefgeschoss be-findet sich die Studiensammlung, bei der der Fokus auf bestimmte Materi-alien (u. a. Glas, Keramik, Metall, Tex-til usw.) oder Herkunftsregionen der Ausstellungsstücke gelegt wird. Hier ist auch eine Nachbildung der Frank-furter Küche von Margarete Schütte-Lihotzky (1897–2000) zu sehen. Im MAK befindet sich außerdem ein äu-ßerst empfehlenswertes Restaurant, das **Österreicher im MAK** (s. S. 31), in dem der 4-Hauben-Koch Helmut Ös-terreicher heimische Lokaltradition in einem modernen Gasthaus zu mode-raten Preisen kredenzt.

❯ Stubenring 5, U-Bahn-Station Stubentor, Tel. 01 711360, www.mak.at, Di. 10–24 Uhr, Mi.–So. 10–18 Uhr, Eintritt 7,90 €, ermäßigt 5,50 € (Sa. frei)

❾ HAUS DER MUSIK ⋆ ⋆ [G7]

Mit dem Motto „Hör auf deine Ohren" lädt das erste Klangmuseum über-haupt zu einer Entdeckungsreise in die Welt der Töne ein. Was zuerst viel-leicht profan klingen mag, ist jedoch ein äußerst gelungenes und auch für

043wi Abb.: dk

◄ *Das MAK am Stubenring - ein Mekka der Handwerkskunst*

Kinder interessantes Erlebnis in einer didaktisch zeitgemäß aufbereiteten Ausstellung.

Das Museum wurde im Jahre 2000 im Palais Erzherzog Carl eröffnet, in dem vor etwa 200 Jahren der Gründer der Wiener Philharmonischen Konzerte, Otto Nicolai, gewohnt hat, der auch der Komponist der Oper „Die lustigen Weiber von Windsor" ist. Auf 5000 m² setzt sich der Besucher mithilfe interaktiver und multimedialer Präsentationsformen mit Musik und vor allem dem Erleben von Musik auseinander, und zwar von den Anfängen der menschlichen Klangerzeugung bis zu den Stilrichtungen unserer Zeit. Dabei erfährt man auch einiges über die **Lebensgeschichte** und das Schaffen der **großen Komponisten,** die in Wien tätig waren.

❯ Seilerstätte 30, U-Bahn-Station Stephansplatz oder Karlsplatz, Tel. 01 51648, www.hdm.at, tgl. 10–22 Uhr, Eintritt 10 €, ermäßigt 8,50 €

Vom Haus der Musik über die Ringstraße kommend, erreicht man den eindrucksvollen **Schwarzenbergplatz** [G/H7], auf dem nach dem Abriss der Stadtmauer 1861 dem in der Völkerschlacht bei Leipzig siegreichen Feldherren **Karl Philipp Fürst Schwarzenberg** ein beeindruckendes Reiterdenkmal errichtet wurde. Von hier aus kann man mit der Straßenbahnlinie 71 – im Volksmund gerne „Friedhofslinie" genannt – bis zum Wiener Zentralfriedhof oder mit der Linie D zum Schloss Belvedere 🐚 gelangen. Ganz im Süden, hinter dem abends farblich beleuchteten Hochstrahlbrunnen,

DER TOD IN WIEN – BEDEUTENDE WIENER FRIEDHÖFE

*Irgendwie gehört der Tod nach Wien. Das mag seltsam klingen, aber in der Tat hat man in kaum einer Stadt eine so eng makabre und doch irgendwie gesunde Einstellung zum Ableben wie hier. Zahlreiche Wiener Lieder und Gedichte handeln von diesem Thema, denn „der Wiener hat verstanden, dass das Leben kein Happy End hat", wie der Wiener Schriftsteller Frederic Morton (*1924) feststellte. Wer diese Eigenheit der „Wiener Seele" zumindest ansatzweise erforschen möchte, dem sei der Besuch einer der Friedhöfe der Stadt empfohlen. Der eindrucksvollste ist zweifelsohne der **Zentralfriedhof,** der 1874 eröffnet wurde. Mit einer Fläche von fast 2,5 km² ist er die zweitgrößte Friedhofsanlage Europas, mit rund 3 Mio. Bestatteten – also fast doppelt so viele, wie es lebende Wie-*

ner gibt! – ist er sogar mit Abstand die vollste. Hier ruhen viele Prominente wie Ludwig van Beethoven, Johannes Brahms, Johann Strauß (Vater und Sohn), Franz Werfel, Bruno Kreisky, Falco u. v. m.
❯ *Straßenbahnhaltestelle Zentralfriedhof 2. Tor (Linie 71 ab dem Schwarzenbergplatz)*

*Auch erwähnt werden muss der leicht gruselige **St. Marxer Friedhof,** der im Jahre 1874 geschlossen wurde – für Verstorbene wohlgemerkt, Besucher sind willkommen – und seit vielen Jahrzehnten unter Denkmalschutz steht. Die wohl bekannteste Grabstätte auf diesem Friedhof ist jene des Komponisten Wolfgang Amadeus Mozart.*
❯ *Bushaltestelle Sankt Marx (Linie 74A ab Landstraße)*

wird der Schwarzenbergplatz durch das **Heldendenkmal der Roten Armee** begrenzt. Dieses im stalinistischen Stil militärisch bedrohlich anmutende Monument wurde im August 1945 zu Ehren der sowjetischen Befreier errichtet.

❿ KARLSPLATZ UND KARLSKIRCHE ★ ★ [G7]

Wie eine Fata Morgana aus dem Morgenland wirkt die Kirche jenseits der Ringstraße in der sonst so typisch mitteleuropäischen Umgebung. Aber keine Sorge, Sie sind immer noch in Wien und stehen vor einem der außergewöhnlichsten Sakralbauten der Stadt.

Etwa 200 m außerhalb des Zentrums und südlich des Kärntner-Rings gelegen, befindet sich der lang gestreckte, durch die Regulierung und Überplattung des Wienflusses im ausgehenden 19. Jh. entstandene und nach Kaiser Karl VI. benannte **Karlsplatz**. Die größte Fläche des Platzes nimmt an der Nordseite der **Resselpark** ein, der für die Wiener häufig mit **Drogenhandel und -konsum** in Verbindung gebracht wird. Ein Grund, weshalb es hier zu jeder Zeit ein erhöhtes **Polizeiaufgebot** gibt.

An der Westseite wird der Karlsplatz vom Hauptgebäude der Technischen Universität (TU Wien) und der Evangelischen Schule begrenzt. Im Norden trennt die sechsspurige Lothringerstraße die Gründerzeitgebäude des **Wiener Musikvereins** (s. S. 41), des Künstlerhauses und der Handelsakademie vom Rest des Platzes ab. Herzstück und Hauptgrund eines Besuchs ist jedoch die hinter dem mit einer Plastik des britischen Bildhauers Henry Moore gestalteten Wasserbecken gelegene, morgenländisch anmutende Karlskirche.

Bei der **Karlskirche** handelt es sich um einen der bedeutendsten barockklassizistischen Sakralbauten nördlich der Alpen. Die Idee zum Bau der Kirche geht auf das Jahr 1713 zurück, als Wien noch im Schock der kurz vorher grassierenden **Pestepidemie** stand (8000 Menschen fanden dadurch ihren Tod) und Kaiser Karl VI. (1685–1740) gelobte, für seinen Namenspatron, den Pestheiligen Karl Borromäus, eine Kirche zu errichten. Den Auftrag zur Gestaltung des Gotteshauses erhielt durch einen ausgeschriebenen Architekturwettbewerb Johann Bernhard Fischer von Erlach. 1716 erfolgte die Grundsteinlegung,

044wi Abb.: mw

◀ *Eines der beliebtesten Fotomotive der Stadt – die Karlskirche mit dem davor liegenden Wasserbecken*

jedoch sollte die Fertigstellung bis zum Jahre 1737 dauern. Bis ins Jahr 1918 war die Karlskirche kaiserliche Patronatspfarrkirche. Äußerlich präsentiert sie sich als monumentales Bauwerk, bei dem die Architektur einerseits der des alten Griechenlands, aber auch der antiken-römischen entlehnt ist. Als spektakulärste Besonderheit gilt aber die **Kuppel** in Form eines verlängerten Ellipsoids, die flankierenden **Reliefsäulen** und die beiden **Glockentürme**, bei denen klare orientalische Einflüsse zu erkennen sind. Auch das üppig gestaltete Innere der Karlskirche ist einen Besuch wert. Hauptaugenmerk sollte hierbei der im Stil des Barock konzipierte, hauptsächlich in Marmor gehaltene **Hochaltar** sein, der mit einem spiralförmigen Stuckrelief verziert ist, dass den hl. Borromäus zeigt, wie er von Cherubinen und Engeln begleitet gen Himmel aufsteigt. Besonders ist auch das von Johann Michael Rottmayr geschaffene **Kuppelfresko**, das ebenfalls den hl. Borromäus darstellt, der eine Fürbitte an die Dreieinigkeit ausspricht, die Bevölkerung von der Pest zu verschonen und dabei von der hl. Maria unterstützt wird. Dieses Fresko kann auch aus der Nähe betrachtet werden, denn ein **Panoramaaufzug** (2 €) hebt den Besucher gut 32 m über Bodenniveau zur Kuppel.

❭ Karlsplatz, U-Bahn-Station Karlsplatz, Tel. 01 5046187, www.wien-vienna.at/ karlskirche.htm, Mo.–Sa. 9–18 Uhr, So. und Feiertag 13–18 Uhr, Eintritt 4 €

⓫ SECESSION ★ ★ [F7]

Am westlichen Ende des Karlsplatzes steht eines der faszinierendsten Bauwerke des Wiener Jugendstils: die Secession. Das ausschließlich in gold und weiß gehaltene geometrisch simple Gebäude ist durch seine außerordentliche Ornamentik, wie z. B. die den Eingang zierenden sog. Gorgonenhäupter, aber auch durch den aufgesetzten Kubus, in dem eine aus

DER JUGENDSTIL – EINE NEUE KUNST WIRD GEBOREN!

Ab Ende des 19. Jh. fegte über etwa 20 Jahre lang ein neuer Wind durch die europäische Kunstszene. Ausgelöst durch die Arts-and-Crafts-Bewegung in England sollte sich bald auf dem ganzen Alten Kontinent unter vielen Künstlern der Wunsch breitmachen, den bis dato dominierenden Historismus durch etwas Neues zu ersetzen: der Jugendstil war geboren. Spricht man heute von dieser Kunstrichtung, meint man meist die fantasievoll verspielten Werke mit ihren dekorativen, geschwungenen Linien und Symmetrien, die durch Gold unterstützten Farbspielereien sowie flächenhafte florale Ornamentik. Doch darf man dabei nicht vergessen, dass der Jugendstil keineswegs eine homogene Bewegung war. Wien war ab 1897 eines der absoluten Zentren des auch Art nouveau genannten Stils, vorangetrieben vor allem durch die Zeitschrift Ver Sacrum und die Secessionisten. Diese waren eine Vereinigung bildender Künstler, die von Hermann Bahr, Josef Engelhart, Josef Hoffmann, Gustav Klimt, Max Kurzweil, Wilhem List, Koloman Moser, Joseph Maria Olbrich, Ernst Stöhr u. a. als Gegenbewegung zu den Schaffenden des konservativeren Künstlerhauses gegründet wurde.

045wi Abb.: mw

3000 vergoldeten Lorbeerblättern bestehende Kuppel sitzt, prachtvoll anzusehen.

Dieses Bauwerk wurde 1898 von Joseph Maria Olbrich als **Ausstellungshaus** der „Secessionisten" entworfen und erntete nach seiner Fertigstellung zuerst gehörig Kritik und Spott. Besonderes Aufsehen erregte danach die 14. Ausstellung der Secession im Jahre 1902, die dem Komponisten Ludwig van Beethoven gewidmet war und von der immer noch das von **Gustav Klimt** geschaffene 34 m lange **Beethovenfries** erhalten ist, das die Neunte Symphonie thematisiert und zweifelsohne das künstlerische Herzstück der Räumlichkeiten

darstellt. Bis heute finden in der Secession wechselnde Ausstellungen und Veranstaltungen statt. Außerdem gibt es einen gut sortierten Museumsshop mit Büchern, Katalogen und reichlich Klimt-Postern.

❯ Friedrichstraße 12, U-Bahn-Station Karlsplatz, www.secession.at, Tel. 01 5875307, Di./Mi./Fr./Sa. 10–18 Uhr, Do. 10–20 Uhr, Eintritt 8,50 €, erm. 5 €

Südlich der Secession beginnt der, hier bereits zum 4. Bezirk gehörende, **Naschmarkt** ㉘.

⓬ WIENER STAATSOPER ★ ★ ★ [G7]

Wiens Image als „Hauptstadt der Musik" wird wohl nirgends besser widergespiegelt als in der Staatsoper. Als eines der wichtigsten und ruhmreichsten Opernhäuser der Welt ist für Sänger, Tänzer, Musiker, Kapellmeister, Regisseure und Intendanten

▲ *1998 sorgte der zeitweilige rote Anstrich der normalerweise ausschließlich in gold und weiß gehaltenen Secession für reichlich Aufsehen*

eine Aufführung hier seit knapp 150 Jahren gleichbedeutend mit dem ultimativen Erfolg und es gibt kaum jemanden auf der Liste des „Who is Who" der Oper, der Operette und des Balletts, der hier nicht bereits auf den Brettern stand.

Wer es auf der Adresse Opernring 2 geschafft hat, der geht offiziell in die Annalen der internationalen Musikgeschichte ein. Ein Besuch in diesem Traditionshaus sollte definitiv zu einer Wienreise gehören. Das Gute dabei ist, dass ein solcher Besuch **nicht teuer** sein muss, denn ähnlich wie in anderen Kulturstätten der Stadt gibt es auch hier von den Stehplätzen (ab 2 €) bis zu exklusiven Logenplätzen (bis zu etwa 200 €) jede erdenkliche Preiskategorie.

Das Gebäude wurde zwischen 1861 und 1869 nach den Plänen der Architekten August Sicard von Sicardsburg und Eduard van der Nüll im Stil der **Neorenaissance** errichtet

und war damit der erste Prachtbau auf der Ringstraße. Besonders aufwendig waren die Steinmetzarbeiten, für die **ungeheure Mengen an Naturstein** aus diversen Landesteilen Österreichs und Ungarns nach Wien gebracht werden mussten. Anfangs war die Wiener Öffentlichkeit übrigens alles andere als begeistert von dem neuen Opernhaus und man nannte es spöttisch – in Analogie zum militärischen Desaster von 1866 – „Königgrätz der Baukunst", weshalb van der Nüll noch vor Fertigstellung des Baus den Freitod wählte.

Am 25. Mai 1869 wurde die Eröffnung mit einer Premiere von Mozarts „Don Juan" gefeiert und das

▲ *In jeder Hinsicht ein Erlebnis der Superklasse: die Wiener Staatsoper*

Opernhaus bestand in Folge in seiner ursprünglichen Form bis 1945. Am 12. März jenes Jahres fiel dann das alte Gebäude fast komplett (sieht man von der Vorderfront ab) amerikanischen **Bombardements** – die eigentlich einer Raffinerie in Floridsdorf gelten sollten – zum Opfer und brannte völlig aus. Nach dem Zweiten Weltkrieg ging der **Wiederaufbau der Staatsoper** sehr schleppend voran und es sollte bis zum 5. November 1955 dauern, bis sie mit „Fidelio" von Ludwig van Beethoven unter der Leitung von Karl Böhm neu eröffnet wurde.

Fast ebenso berühmt wie das Opernhaus selbst ist der alljährlich am letzten Donnerstag im Fasching stattfindende **Opernball,** bei dem sich Prominenz aus Politik und Wirtschaft, von einer enormen Medienpräsenz begleitet, ein ausgelassenes Stelldichein gibt. Diese Veranstaltung mag für viele Teilnehmer und TV-Voyeuristen an vergangene Zeiten der k. u. k. Monarchie erinnern, andere sehen darin jedoch nichts weiter als ein selbstgefälliges, reaktionäres Schauspiel der High Society, weshalb es seit 1968 auch regelmäßig eine **Opernballdemonstration** vor dem Gebäude gibt. Wer nicht auf den Opernball eingeladen wurde und keine Zeit hat, die Staatsoper anlässlich einer abendlichen Vorstellung zu besuchen, aber trotzdem das sehenswerte Innere mit seiner prachtvollen **Prunktreppe,** dem **Schwind-Foyer** mit seinen Ölgemälden, dem üppig verzierten **Teesalon** oder dem **Zuschauerraum** mit seinen 2880 Sitzplätzen nicht verpassen möchte, der muss sich einer Führung (4,50 €) anschließen.

› Opernring 2, U-Bahn-Station Karlsplatz oder Stephansplatz bzw. Straßenbahnhaltestelle Kärntner Ring, Oper, Tel. 01 514442606 (für Führungen), Tel. 01 5131513 (für Kartenreservierungen), www.wiener-staatsoper.at, Führungen: April–Juni und September tgl. 13, 14 und 15 Uhr, Juli und August tgl. 10, 11, 12, 13, 14, 15 und 16 Uhr, Oktober–März tgl. 14 und 15 Uhr, Kartenvorverkauf: Sitzplätze ab einer Woche vor der Vorstellung (auch online), Stehplätze nur am Tag der Vorstellung

⓭ KUNSTSAMMLUNG ALBERTINA ★ ★ [G7]

Nordwestlich hinter der Staatsoper befindet sich das zwischen 1999 und 2003 komplett neu gestaltete Palais Erzherzog Albrecht mit der Kunstsammlung Albertina, bei der es sich um eine der größten und bedeutendsten grafischen Sammlungen der Welt handelt.

Besonders auffällig ist der, von Hans Hollein entworfene und von außen über eine Rolltreppe erreichbare, **Eingangsbereich** im ersten Stock und das darüber gespannte 64 m lange **Schwebedach aus Titan**. Die hier ausgestellten und archivierten Exponate reichen von der **Spätgotik bis zur zeitgenössischen Kunst** und beinhalten unter anderem Werke von Albrecht Dürer (1471–1528), aber auch von österreichischen Künstlern wie Oskar Kokoschka (1886–1980), Gustav Klimt (1862–1918) oder Egon Schiele (1890–1918).

Besonders bekannt ist die Albertina aber auch für ihre zeitlich befristeten Expositionen. Die Ausstellungsgeschichte der Sammlung geht auf den Herzog Albert Kasimir von Sachsen-Teschen zurück, der in den 1770er-Jahren die Artefakte das erste Mal dem Adel vorführte. Erst im Jahre 1822 wurde die Sammlung dann auch der Öffentlichkeit zugänglich gemacht, wobei der Besuch daran geknüpft war, dass die Besucher über eigene Schuhe verfügen mussten; ein Privileg, das damals ja nicht alle Bevölkerungsgruppen hatten. Zwar achtet heute niemand mehr auf das Detail an den Füßen, aber bei etwa **65.000 Zeichnungen, Fotografien und über 1 Mio. Druckgrafiken** in den drei Sälen sind bequeme Schuhe für einen Besuch nach wie vor mehr als empfehlenswert.

> Albertinaplatz 1, U-Bahn-Station Stephansplatz oder Straßenbahnhaltestelle Kärntner Ring, Oper, Tel. 01 534830, www.albertina.at, Do.–Di. 10–18 Uhr, Mi. 10–21 Uhr, Eintritt 9,50 €, ermäßigt 7 €

Wer sich nach dem Besuch der Albertina stärken möchte, hat in unmittelbarer Umgebung mehrere Möglichkeiten dazu. Neben der Kunstsammlung, praktisch im gleichen Gebäude nur auf Straßenhöhe, liegt der **Augustinerkeller** (s. S. 34), in dem es meist sehr lebhaft zugeht. Um die Gunst der Kaffeetrinker buhlen das **Café Mozart** auf dem Albertinaplatz und das Traditionscafé des **Hotel Sacher** (s. S. 118) in der angrenzenden Philharmonikerstraße.

Auf dem Albertinaplatz befindet sich außerdem das 1988 vom Wiener Künstler Alfred Hrdlicka konzipierte **Mahnmal gegen Krieg und Faschismus,** das nicht ohne Grund an dieser Stelle errichtet wurde. Denn hier stand der Philipp-Hof, ein Wohnbau aus der Gründerzeit, der

▶ *Schlichtweg eindrucksvoll – der durch ein Titandach überspannte Eingangsbereich der Albertina*

während eines Bombenangriffs am 12. März 1945 komplett zerstört wurde und Hunderte Menschen das Leben kostete.

⓮ HOFBURG ★★★ [G6]

Das spektakulärste Bauwerk aus der Kaiserzeit inmitten der Inneren Stadt ist die ehemalige Residenz der Regierenden, die Wiener Hofburg. Zwischen 1438 und 1583 sowie von 1612 bis 1806 waren hier die Privatgemächer der Könige und Kaiser des Heiligen Römischen Reiches bzw. die der Habsburger untergebracht. Heute fungiert die Hofburg u. a. als Amtssitz des österreichischen Bundespräsidenten, Sitz der österreichischen Nationalbibliothek sowie als Tagungs- und Konferenzort der OSZE-Versammlung.

0048wi Abb.: dk

aus dem Mittelalter befindet: die Insignien und Kleinodien des Heiligen Römischen Reichs mit der Reichskrone und der Heiligen Lanze.

Zu den weiteren Höhepunkten zählen außerdem die Krone Kaiser Rudolfs II. (1552–1612) – die spätere österreichische Kaiserkrone –, die Amtstrachten und andere Kostbarkeiten des Ordens vom Goldenen Vlies. Dazu kommen wertvollste Juwelen – darunter einer der größten Smaragde der Welt –, ein riesiger Narwalzahn, den man für ein Einhorn hielt, und eine spätantike Achatschale, die lange als der sagenumwobene Heilige Gral galt. Gegenüber des von Marmorsäulen und goldenen Inschriften geschmückten Schweizertors befindet sich die im Renaissancestil erbaute **Amalienburg**, auch **Amalientrakt**, die nach Amalie Wilhelmine, der Witwe Kaiser Josephs I., benannt wurde. Hier kann man deren **Kaiserappartements** besichtigen. Die Verbindung zwischen der Amalienburg und dem Schweizerhof bildet der Leopoldinische Trakt, unter dem früher der riesige Weinkeller der Burg lag und in dem sich heute die Arbeitsräume des Bundespräsidenten befinden. Am davor liegenden Ballhausplatz befindet sich mit dem Bundeskanzleramt der Amtssitz des Bundeskanzlers.

Der Schweizertrakt, die Amalienburg, der Leopoldinische Trakt sowie der sog. Reichskanzleitrakt bilden einen Hof, in dessen Mitte sich die bronzene Statue Kaiser Franz' I. (1708–1765) befindet, der hier wie ein römischer Kaiser dargestellt ist.

Der nördliche Teil der Hofburg besteht in erster Linie aus dem **Michaelertrakt**, der durch das majestätische **Michaelertor** vom Michaelerplatz her begehbar ist. Besonders auffällig sind die **goldverzierte Kuppel** über

Ein (kostenloser) Spaziergang durch den gigantischen Gebäudekomplex, der mehrere Bauten mit insgesamt über 2600 Räumen umfasst, sollte zu jedem Wienbesuch gehören. Er ist besonders dadurch interessant, dass sich hier die verschiedenen Bauepochen der diversen Reiche widerspiegeln, denn praktisch jeder Herrscher erweiterte die Hofburg im Stil seiner jeweiligen Zeit.

Den ältesten Teil des Areals bildet der **Schweizertrakt** mit dem Schweizerhof, dessen Gründung wohl auf das 13. Jh. zurückgeht und wahrscheinlich von den Babenbergern angelegt wurde. In diesem in der Mitte der Burg gelegenen Trakt befindet sich sowohl die **gotische Burgkapelle** als auch die **Schatzkammer** (s. S. 44), in der sich der wichtigste Kronschatz

▲ *Kaiser Franz I. hält seine schützende Hand heute nur noch über die fotografierenden Touristen*

dem Tor und die überdimensionalen Skulpturen auf den **beiden Brunnen** an den Flanken des Tores. Auf dem Michaelerplatz befinden sich **Ausgrabungen einer römischen Siedlung.**

Der hinter dem Tor liegende Michaelertrakt wurde erst 1889 bis 1893 von Ferdinand Kirschner erbaut und beherbergt heute das **Sisi Museum** (s. S. 44) sowie dahinter die **Silberkammer,** in der sich der verschwenderische Luxus imperialer Tafelkultur besichtigen lässt. Ausgestellt werden neben prunkvollen Service und kostbarem Porzellan auch so einige Raritäten, wie die einen Quadratmeter messende Kaiserserviette aus Damast.

Im zentralen Bereich der Hofburg liegt der Festsaaltrakt mit dem Zeremoniensaal, dem Wintergarten und weiteren Räumen, die heute meist als Kongresszentrum der OSZE verwendet werden, aber in der **Ballsaison** (Januar–Februar) häufig auch der Öffentlichkeit zugänglich werden.

Die Wiener Hofburg beherbergt außerdem die **Österreichische Nationalbibliothek.** Einen Teil des Gebäudes bildet die ursprüngliche, von Kaiser Karl VI. (1685–1740) gegründete Hofbibliothek (Eingang über den Josefsplatz), wo sich der zu besichtigende barocke **Prunksaal** mit einem Deckenfresko und diversen Kaiserstandbildern befindet. Der weitaus größere Teil der Nationalbibliothek liegt jedoch in dem als Neue Hofburg bekannten Südwestflügel direkt am Heldenplatz ❻. Die Nationalbibliothek ist die zentrale wissenschaftliche Bibliothek des Landes und verfügt neben einer enormen Sammlung an Büchern (im Prunksaal alleine stehen ca. 200.000), u. a. über 180.000 Papyri, sämtliche jemals in Österreich verlegten Druckwerke sowie alle hier von Universitäten approbierten wissenschaftlichen Werke wie Diplomarbeiten oder Habilitationsschriften.

❭ Innerer Burghof/Kaisertor 1, U-Bahn-Station Herrengasse, Tel. 01 5337570, www.hofburg-wien.at, tgl. 9–17 Uhr (Juli und August 9–17.30 Uhr), Eintritt 9,90 €, ermäßigt 5,90 €

❭ Der Erwerb einer Eintrittskarte berechtigt zum Besuch der drei Highlights: **Sisi Museum, Kaiserappartements** und **Silberkammer.** Nur die Schatzkammer muss gesondert gezahlt werden.

❭ **Österreichische Nationalbibliothek,** Heldenplatz, Neue Burg, Haupteingang über den Heldenplatz bzw. über den Josefsplatz (für den Prunksaal), U-Bahn-Station Herrengasse oder Straßenbahn-Haltestelle Dr.-Karl-Renner-Ring, Tel. 01 53410394, www.onb.ac.at, Eintritt 7 €, ermäßigt 4,50 €

❶❺ SPANISCHE HOFREITSCHULE ★ [G6]

Die klassischen Reitshows auf den stolzen Lipizzanerhengsten sind legendär und stellen für Pferdefreaks sicherlich einen der Höhepunkte des Hofburgbesuchs dar. Billig sind die Shows allerdings nicht und man sollte sich rechtzeitig um Karten bemühen.

Der südlich vom Michaelertor und am Josefsplatz gelegene Teil der Hofburg wurde ursprünglich als Residenz für Maximilian II. (1564–1576) erbaut. Später dann beherbergte er die Sammlung des kunstsinnigen Bruders Kaiser Ferdinands III. (1608–1657). Erst als die Sammlung in die Räumlichkeiten des Kunsthistorischen Museums ausgelagert wurde, richtete man hier die Stallungen für die kaiserlichen Pferde ein. Heute befindet sich in der sog. **Stallburg** die älteste klassische Reitinstitution der Welt: die **Spanische Hofreitschule.**

Diese ursprünglich der reiterlichen Ausbildung der kaiserlichen Familie dienende Schule ist die einzige Institution der Welt, in der die klassische Reitkunst in der Renaissancetradition seit über 430 Jahren unverändert gepflegt wird. Bei den hier stattfindenden **Vorführungen** kann man sich ein Bild von der Harmonie zwischen Reiter und Pferd und den enorm präzisen und eleganten Gangarten der Tiere machen. Im **Privatissimum** genannten Teil wird auch ein kleiner Einblick in die tägliche Trainingsarbeit von Pferd und Reiter gegeben. Auch das Interieur der Reithalle mit der noch existierenden **Kaiserloge** sowie das Porträt des Gründers der Reitschule, Kaiser Karl VI., sind sehenswert. Im Sommer finden die Vorführungen allerdings im Hof neben der Reitschule im Freien statt.

Wer keine Tickets mehr bekommen hat oder wem die Zeit fehlt, der muss trotzdem nicht auf den Anblick der stolzen Hengste verzichten. In der angrenzenden Reitschulgasse kann man nämlich durch die großen Glasfenster einen kostenlosen Blick auf die Stallungen erhaschen.

> Haupteingang über den Michaelerplatz 1 (im Michaelertor), U-Bahn-Station Herrengasse, www.spanische-reitschule.com, Tel. 01 5339031, Vorführungstermine im Internet zu entnehmen, Eintritt: je nach Platzkategorie zwischen 20 und 180 €

▶ *Ein Besuch des Heldenplatzes lohnt schon allein wegen des 180-Grad-Blicks auf die Prachtbauten der Ringstraße*

049wi Abb.: mw

⑯ HELDENPLATZ ★   [F6]

Direkt vor der Nationalbibliothek – kurz ÖNB – liegt der gewaltige Heldenplatz, der unter Kaiser Franz Joseph I. (1830–1916) als Teil des angedachten, aber nie komplett vollendeten Kaiserforums konzipiert wurde. Den Abschluss des Heldenplatzes bildet das Äußere Burgtor, das als Denkmal für die gefallenen Soldaten der Napoleonischen Kriege errichtet wurde, und im Norden schließt der erholsame Volksgarten (s. S. 48) an. Seinen Namen hat der Platz von den beiden hier befindlichen **Reiterdenkmälern,** die als Glorifizierung der Habsburgerdynastie und ihrer militärischen Erfolge dienten. Das ältere der beiden zeigt den **Erzherzog Karl von Österreich** (1771–1847) – der Napoleon die erste Niederlage auf dem Schlachtfeld zufügte –, dessen Pferd, statisch beachtlich, nur auf den beiden Hinterbeinen steht.

Im Jahre 1865, also fünf Jahre nach seinem Vorgänger, wurde außerdem vis-à-vis das Pendant fertiggestellt, das **Prinz Eugen von Savoyen** (1663–1736) zeigt – den Bezwinger der Türken. Jedoch musste der Bildhauer hier das Gewicht der Pferdestatue mit dem Schweif auf dem Sockel abstützen. „Glück" im militärischen Sinne brachten die Statuen übrigens nicht, denn kurz vor der Enthüllung des ersten Denkmals unterlag Österreich Italien in der Schlacht von Solferino und nach der Enthüllung der zweiten Statue verlor die österreichische Armee kläglich gegen die Preußen in der Schlacht bei Königgrätz.

Traurige Berühmtheit erlangte der Heldenplatz außerdem am **15. März 1938**, als Adolf Hitler unter dem Jubel Zehntausender Menschen „den Eintritt meiner Heimat in das Deutsche Reich" vom Balkon der Österreichischen Nationalbibliothek aus proklamierte.

⑰ KUNSTHISTORISCHES MUSEUM ★ ★ ★ [F7]

Im Zuge des Stadtausbaus in den 1860er-Jahren kam es zur letzten großen Erweiterung der Burg. Kaiser Franz Joseph I. gab 1864 den Bau zweier äußerlich gleicher Gebäude – südlich und nördlich des Maria-Theresien-Platzes – in Auftrag, die der Kunst und der Wissenschaft gewidmet wurden: das Kunsthistorische und das Naturhistorische Hofmuseum, zusammen oftmals nur „Neue Burg" genannt. Das Kunsthistorische Museum – oft als KHM abgekürzt – beherbergt die Kunstschätze der Habsburger.

Das Herzstück des Museums ist zweifelsohne die im Haupthaus befindliche Gemäldegalerie, in der die Porträt- und Harnischsammlung Ferdinands II. von Tirol (1529–1595) sowie die Gemäldesammlungen von Kaiser Rudolf II. (1552–1612) und Erzherzog Leopold Wilhelm (1614–1662) zusammengefasst sind. Besonders kunstinteressierte Besucher sollten mindestens einen halben Tag für die Besichtigung des KHM veranschlagen. Wer nur wenig Zeit hat, sollte sich zumindest zwei Stunden gönnen, um die sehenswertesten Ausstellungsstücke zu bewundern. Dazu gehören bedeutende **Werke der Großen Meister:** Beispielsweise Giuseppe Arcimboldos „Sommer" und andere seiner Werke mit Köpfen aus Gemüse und Obst, die „Bauernhochzeit" von Pieter Brueghel dem Älteren, Tizians „Kirschen-Madonna", Rembrandts „Selbstporträt", Peter Paul Rubens' „Pelzchen" oder Albrecht Dürers „Maria und die Birne". Außerdem im Haupthaus befinden sich die Ägyptisch-Orientalische Sammlung, die Antikensammlung, die Kunstkammer sowie das Münzkabinett, in denen antike Kunstwerke aus Ägypten, dem Römischen Reich und Griechenland sowie Exponate wie Kaiserin Maria Theresias Frühstücksservice und viele andere ausgestellt sind.

Falls Sie keines dieser Themengebiete ausgesprochen interessieren sollte, können Sie sich getrost auf die oben beschriebene Gemäldegalerie beschränken. Dies gilt auch großteils für die anderen Ausstellungen, denn zum KHM gehören ebenfalls die Sammlungen alter Musikinstrumente, die Hofjagd- und Rüstkammer sowie das Ephesos-Museum in der Neuen Burg, die Schatzkammer (s. S. 44) der Habsburger in der Hofburg, das Theatermuseum im Palais Lobkowitz, das Museum für Völkerkunde und die in einem Nebengebäude von Schloss Schönbrunn ③③ gelegene Wagenburg.

> Maria-Theresien-Platz, U-Bahn-Station Babenberger Straße oder Volkstheater, Tel. 01 525240, www.khm.at, Di.–So. 10–18 Uhr, Do. bis 21 Uhr, Eintritt 12 €, ermäßigt 9 €

⑱ NATURHISTORISCHES MUSEUM ☆☆ [F6]

Gegenüber des KHM befindet sich das Naturhistorische Museum, das 1889 eröffnet wurde und in dem ursprünglich nur die **Naturaliensammlungen** (wie Edelsteine, Korallen, Mineralien, Muscheln, Schnecken usw.) der Habsburger untergebracht waren. Im Laufe der Jahrzehnte wurde es erweitert und verfügt heute u. a. über jeweils eine geologisch-paläontologische, mineralogische, zoologische, botanische, anthropologische und prähistorische Abteilung. Das Naturhistorische Museum ist mit 39 Schauräumen und 20 Mio. Exponaten – davon viele Skelette, Fossilien und ausgestopfte Tiere in Glasvitrinen oder sorgfältig präparierte

EXTRATIPP

Schlemmen im Museum!
Ein Erlebnis der Extraklasse sind die im Frühling und Herbst – meist mittwochs – im prunkvollen Ambiente der Kuppelhalle inmitten des Naturhistorischen Museums abgehaltenen Muschel- und Spargeldinner (Kostenpunkt 41 € p. P. zzgl. des Museumseintritts – frühzeitige Reservierung unbedingt notwendig). Mehr Informationen gibt es im Museum oder über den Organisator auf
> www.e-catering.at

▶ *Wie ein attischer Tempel - das im ausgehenden 19. Jahrhundert errichtete Parlamentsgebäude*

Insekten in Leuchtkästen – eines der größten Österreichs (Besuchszeit: mind. zwei Stunden) und mit mehr als 400.000 Besuchern jährlich auch eines der erfolgreichsten.

Aber es wirkt ein bisschen wie eine teilweise nicht mehr ganz zeitgemäße, leicht verstaubte Einführung in die Welt der Natur. Diese an die Zeit Alexander von Humboldts erinnernde Didaktik mag im Zeichen des Cyberüberflusses wieder einen gewissen Reiz haben, eine interaktive Erlebniswelt darf man hier jedoch nicht erwarten. Besonders die **Dinosaurierabteilung** dürfte bei Kindern Begeisterung hervorrufen und sehenswert ist auch die 25.000 Jahre alte Venus von Willendorf, die vor über 200 Jahren ausgestorbene Stellersche Seekuh und baulich das Zentrum des Gebäudes mit der **60 m hohen Kuppel,** die den griechischen Sonnengott Helios zeigt.

> Maria-Theresien-Platz, U-Bahn-Station Volkstheater oder Babenberger Straße, Tel. 01 521770, www.nhm-wien.ac.at, Do.–Mo. 9–18.30 Uhr, Mi. 9–21 Uhr, Eintritt 10 €, ermäßigt 8 €

050wi Abb.: mw

⓳ PARLAMENT ★★ [F6]

Ebenfalls auf der Ringstraße befindet sich das in den Jahren 1874 bis 1883 vom dänischen Baumeister Theophil von Hansen gebaute, prachtvolle Parlamentsgebäude, das einem antiken griechischen Tempel nachempfunden ist.

Hier tagen die beiden Kammern des österreichischen Parlaments: der **Nationalrat** und der **Bundesrat.** Zwar kann das Parlament besucht werden (auch mit Führung) und beinhaltet mehrere interaktive Räume mit aufschlussreichen Informationen zur Demokratiebewegung in Österreich und der alten Donaumonarchie, besonders interessant ist das Parlament jedoch von außen, und zwar im **architektonischen Sinne.** Bis heute zeigt der Giebel des Gebäudes die Symbole der 14 k. u. k. Kronländer. Vor dem Parlament befinden sich zwei Auffahrtsrampen, an deren unteren Enden einige Bronzestatuen stehen.

Das Wahrzeichen des Parlaments ist der ebenfalls von Theophil von Hansen entworfene **Pallas-Athene-Brunnen,** der vor dem Parlament steht. Die vier hier liegenden Figuren stellen die vier wichtigsten Flüsse des Kaiserreiches dar: die Donau als Frau und der Inn als bärtiger Mann, die beiden dahinter liegenden Gestalten personifizieren Moldau und Elbe. Darüber sieht man zwei weitere Frauenfiguren, die die gesetzgebende und die vollziehende Gewalt darstellen. In der Mitte des Brunnens steht die vier Meter hohe Pallas Athene – die griechische **Göttin der Weisheit** –, die in der linken Hand einen Speer und in der rechten die Siegesgöttin Nike hält. Die Tatsache, dass die Pallas Athene dem Parlament den Rücken zukehrt, ist immer wieder gerne Grund für Witze unter der Bevölkerung.

> Dr.-Karl-Renner-Ring 3, U-Bahn-Station Volkstheater, www.parlament.gv.at, Tel. 01 40110, Mo.–Fr. 7–19 Uhr, Eintritt frei

㉑ RATHAUS UND RATHAUSPLATZ ⋆ ⋆ [F6]

Neben dem Parlament, nur durch die Stadiongasse getrennt, erstreckt sich der Rathauspark mit dem dahinter liegenden Wiener Rathaus, in dem der Bürgermeister und der Wiener Gemeinderat ihre Büros haben.

Dieses **gewaltige Bauwerk** wurde zwischen 1872 und 1883 vom deutschen Architekten Friedrich von Schmidt im Stil der **Neugotik** gebaut. Inspirieren ließ sich von Schmidt dabei von der Tradition der flämischen Rathäuser. Als die Fläche und die Einwohnerzahl Wiens in der Mitte des 19. Jh. durch die Eingemeindung zahlreicher Vorstädte und die Immigration von Menschen aus allen Teilen der Monarchie erheblich anstieg, wurde es schnell notwendig, der Stadt ein repräsentatives Rathaus zu schaffen.

Das Ergebnis ist dieses monumentale Gebäude mit seiner Grundfläche von 19.592 m² (es misst stattliche 152 m Länge und 127 m Breite), den 1575 Räumen mit ihren insgesamt 2035 Fenstern und dem **105 m hohen Turm**. Das Wahrzeichen des Rathauses ist der **Rathausmann**, eine 3,5 m hohe Eisenfigur, die auf der Spitze des Turms steht (eine naturgetreue Nachbildung befindet sich am Rathausplatz). Als Besucher kann man das sehenswerte Innere des Rathauses im Rahmen einer Führung oder auf einer hier stattfindenden Veranstaltung – immerhin gibt es davon etwa 800 – besichtigen.

Viel gefeiert wird aber auch vor dem Gebäude, z. B. in der Vorweihnachtszeit, wenn hier der **lebendigste Christkindlmarkt** der Stadt steht – die Spitzbogenfenster des Gebäudes werden dann in einen riesigen

051 wi Abb.: mw

Adventskalender umfunktioniert. Von Mitte Januar bis Anfang März findet hier außerdem der **Wiener Eistraum** statt, bei dem ein Eislaufplatz Groß und Klein zum Schlittschuhlaufen einlädt. Seit 1991 wird im Juli und August auf dem Rathausplatz außerdem das **Filmfestival** gefeiert. Neben zahlreichen Essensständen mit Köstlichkeiten aus aller Welt werden auf einer riesigen Leinwand Filme und Konzertausschnitte mit dem Schwerpunkt Klassische Musik gezeigt (kostenfrei).

❭ Rathausplatz, U-Bahn-Station Rathaus, www.wien.gv.at/buergerdienst/ stadtinfo/rathausfuehrung/index.html, Tel. 01 52550, Führungen Mo./Mi./Fr. 13 Uhr, Eintritt frei

㉑ BURGTHEATER ★ ★ ★ [F6]

Hamburg hat das Thalia Theater, New York seinen Broadway, Paris die Comédie Française und Wien das Burgtheater. Diese auch als österreichisches Bundestheater bezeichnete Bühne am Dr.-Karl-Lueger-Ring gilt als zweitälteste (noch bestehende) Europas und ist das größte Sprechtheater des deutschsprachigen Raums.

Dies mag historische Gründe haben, liegt aber sicherlich auch daran, dass die Wiener generell große Theaterfans sind. Ein Besuch dieses Traditionshauses während eines Wienbesuchs sollte nach Möglichkeit dazugehören. Das ursprüngliche Hoftheater (über dem Haupteingang steht immer noch die alte Aufschrift K. K. Hofburgtheater) befand sich ab 1746 am Michaelerplatz vor der Hofburg, bis es 1888 in das imposante Gebäude im Stil des Neubarock mit Neorenaissancefassade an der Ringstraße übersiedelte. Verantwortlich für den Bau der „Burg", wie sie die Wiener gerne nennen, waren die Architekten Gottfried Semper und Carl von Hasenauer. Allerdings war das Theater ihr letztes gemeinsames Projekt, denn in den 14 Jahren Bauzeit kam es zu reichlich Streitigkeiten, bei denen sich von Hasenauer letztendlich durchsetzen konnte. Nicht zu übersehen ist die Statue von Apollon, die die **Fassade des Mittelhauses** schmückt, sowie die Porträtbüsten berühmter Dichter entlang der beiden Seitenflügel.

Für die Innengestaltung zeichneten mehrere namhafte Künstler verantwortlich, darunter auch Gustav Klimt, der mit seinem Bruder Ernst und Franz Matsch u. a. die **Deckengemälde** in den beiden prunkvollen Treppenhäusern und über dem Eingang zum Zuschauerraum schuf. Im Unterschied zur Staatsoper ⓬ nahmen die Wiener das prachtvolle neue Gebäude übrigens mit Freude an, wenn auch in den ersten Jahren über die schlechte Akustik geklagt wurde.

Diese Zeiten sind lange vorbei und nachdem das Haus 1945 dem Flammenheer eines Bombenangriffs zum Opfer fiel, öffnete es erst zehn Jahre später am 14. Oktober 1955, dafür in komplett neuer Innenaufmachung, der theaterbegeisterten Öffentlichkeit erneut seine Tore. Bis heute steht die Burg im **Rampenlicht der Wiener Aufmerksamkeit** – nicht zuletzt wegen den diversen Gerüchten und Skandalen um neue Intendanten, Premieren und das Privatleben

◀ *Das beleuchtete Rathaus – wie hier zu Beginn der Wiener Festwochen – ist eine der Hauptattraktionen entlang der Ringstraße*

052wi Abb.: mw

der Schauspieler – und prägt die Theaterlandschaft Österreichs und des deutschsprachigen Raums generell. Mit über 300.000 Besuchern, mehr als 6 Mio. Euro Einnahmen und einer Auslastung des Hauses zwischen 80 und 90 Prozent jährlich ist es gleichermaßen ein Renner bei Einheimischen und Auswärtigen.

Tatsächlich sind die hier gezeigten Aufführungen meist alles andere als traditionsreicher Konservatismus, im Gegenteil, man neigt zu **modernen, durchaus unkonventionellen Aufführungen.**

Wenn es auch nach wie vor als besonders vornehm gilt, „in die Burg" zu gehen (elegante Kleidung ist erwünscht), muss eine Eintrittskarte **nicht zwangsläufig teuer** sein. Das Burgtheater bietet ca. 1340 Zuschauern Platz, wovon 1175 Plätze bestuhlt sind und verschiedenste Preiskategorien (von Parterre bis zur Loge auf der Galerie) haben. Die restlichen Plätze sind äußerst billige Stehplätze (ab 1,50 €). An jedem 20. des Monats beginnt der Kartenvorverkauf für die Vorstellungen des nächsten Monats (auch online möglich, s. u.),

wobei **Restkarten zum halben Preis** eine Stunde vor Vorstellungsbeginn verkauft werden. Das Burgtheater verfügt neben der Hauptbühne auch über Nebenbühnen im Akademietheater (Lisztstraße 1, 3. Bezirk) und im Kasino am Schwarzenbergplatz sowie über die Studiobühne Vestibül im Haupthaus unter dem gleichnamigen Spezialitätenrestaurant.

> Dr.-Karl-Lueger-Ring 2, U-Bahn-Station Herrengasse oder Straßenbahnhaltestelle Rathausplatz/Burgtheater, Tel. Info: 01 514444140, Kasse: 01 514444440, www.burgtheater.at

㉒ AM HOF ☆ **[G6]**

Am Ende der Freyung – auf der das gewaltige Schottenstift liegt – führt die Bognergasse linker Hand auf den Am Hof genannten Platz, der zu einem der ältesten und dadurch historisch wichtigsten der Wiener Innenstadt gehört. Die diversen Bürgerhäuser im teilweise barocken, teilweise klassizistischen Stil zeugen zumindest von einigen Epochen, die dieser Platz im Laufe der Jahrhunderte „gesehen" hat.

Er war zwischen 1155 und etwa 1280 die **Residenz der Babenberger,** danach Markt-, Schau- und Richtplatz und immer wieder Ort wichtiger Geschehnisse, wie z. B. am 6. August 1806, als hier das Ende des Heiligen Römischen Reiches verkündet wurde. Bemerkenswert am Platz selber ist das Gebäude der **Zentralen Feuerwache** der Stadt sowie etwas versetzt, im sog. Schulhof gelegen das **Uhrenmuseum** (s. S. 45).

Am nördlichen Ende des Hofes führt eine enge Gasse auf den **Judenplatz,** den Kern des ehemaligen mittelalterlichen Gettos. Hier befindet sich heute eine Außenstelle des Jüdischen Museums (s. S. 42) sowie das beeindruckende **Mahnmal für die Opfer der Shoah,** das im Jahre 2000 von der britischen Künstlerin Rachel Whiteread geschaffen wurde. Kulinarisch erwähnenswert sind das **Schwarze Kameel** (s. S. 34) in der Bognergasse, das im Bistrostil Köstlichkeiten für den kleinen und großen Hunger kredenzt, sowie das seit 1683 bestehende Wirtshaus namens **Gösser Bierklinik** (s. S. 31) in der Steindlgasse.

Nordwestlich dieser Gegend erstreckt sich bis zum Donaukanal ein wenig besuchtes Stück Wien, das zwar neben der gotischen Kirche **Maria am Gestade** – durch die Börsegasse zu erreichen – keine Sehenswürdigkeiten im klassischen Sinne aufweist, dafür aber durch seine **vielen kleinen Kneipen** speziell am Abend durchaus zu empfehlen ist.

❯ U-Bahn-Station Herrengasse

◀ *Ein Theater wie es im Buche steht – sieht man davon ab, dass die Bühne keinen Vorhang hat!*

㉓ VOTIVKIRCHE ★ [F5]

Nordwestlich hinter der Universität gelegen und nur durch den Sigmund-Freud-Park von der Ringstraße getrennt, liegt einer der bedeutendsten neugotischen Sakralbauten der Welt: die Votivkirche.

Ihre Gründung ist eng mit dem missglückten **Attentat auf Kaiser Franz Joseph I.** vom 18. Februar 1853 verbunden, bei dem der damals junge Kaiser von János Libényi, einem ungarischen Schneidergesellen und ehemaligem Husaren, mit einem Dolch angegriffen wurde. Das Attentat konnte (nicht zuletzt durch den hohen Kragen der kaiserlichen Uniform) vereitelt werden und Franz Josephs Bruder, Erzherzog Ferdinand Maximilian, rief daraufhin die Bevölkerung des Reiches zu Spenden auf, um „zum Dank für die Errettung Seiner Majestät" eine neue Kirche als Votivgabe (Dankgeschenk) zu bauen. Über 300.000 Bürger folgten dem Spendenaufruf und in einem Architektenwettbewerb wurde der damals erst 26-jährige Heinrich Ferstel als Bauherr gewählt.

Die Grundsteinlegung erfolgte 1856 durch den Kaiser und den damaligen Wiener Kardinal und es sollte bis 1879 dauern, bis die **dreischiffige Basilika** mit den **zwei 99 m hohen kolossalen Türmen** fertiggestellt wurde. Sehenswert sind, neben dem im Westen der Kirche gelegenen Chor, der Chorumgang sowie der **Kapellenkranz** mit den militärischen Helden der Monarchie gewidmeten Kapellen – die aus Sandstein gefertigte Votivkirche war nämlich bis 1918 die katholische Garnisonskirche der Stadt.

❯ Rooseveltplatz 8, U-Bahn-Station Schottentor, Tel. 01 4061192, www.votivkirche.at, Eintritt frei

LEOPOLDSTADT (2. BEZIRK)

Verlässt man die Innere Stadt vom Schwedenplatz ❻ in Richtung Nordosten über die Schwedenbrücke, gelangt man in den 2. Bezirk namens Leopoldstadt. Dieser zwischen dem Donaukanal und der Donau gelegene Teil Wiens wurde noch im Mittelalter als Unterer Werd (mittelhochdeutsch für Insel) bezeichnet. Das damals noch überwiegend bewaldete Gebiet hatte bis ins ausgehende 18. Jh. häufig mit Hochwasser zu kämpfen. 1624 wies Kaiser Ferdinand II. den Juden Wiens einen Teil des Unteren Werds als Wohngebiet zu und obwohl sie auch hier immer wieder vertrieben wurden, war die Leopoldstadt bis 1938 – dem Anschluss Österreichs an Hitler-Deutschland – das Zentrum jüdischen Lebens der Stadt. Zwar gibt es in dem auch **Mazzesinsel** (nach dem an Pessach gegessenen ungesäuerten Brot namens Mazzes) genannten Bezirk auch heute wieder Juden, jedoch weit weniger als vor dem Krieg. Geografischer Mittelpunkt des 2. Bezirks ist der **Praterstern**, an dem es U-Bahn- und Schnellbahnanschluss (Bahnhof Wien Nord/Praterstern) gibt. Bei Besuchern und Wienern gleichermaßen beliebt ist die Leopoldstadt wegen ihrer **Grünanlagen,** darunter zuallererst natürlich der weltberühmte Prater ❷❹ sowie auch der Augarten (s. S. 46).

❷❹ PRATER ★ ★ ★ [I5]

Vielleicht ist es dem österreichischen Tenor Richard Tauber (1891–1948) und seiner Interpretation von „Im Prater blüh'n wieder die Bäume" zu verdanken, dass die 6 km² große Parkanlage mit ihren Aulandschaften bis heute weltweit bekannt ist und als eines der Wahrzeichen Wiens gilt. Und das mit Recht, denn das Gebiet nordöstlich des Donaukanals ist das beste Rückzugsgebiet für asphaltgeplagte und abgasscheue Zeitgenossen.

Es war Maximilian II., der 1560 die hier befindlichen Gründe ankaufte, um ein Jagdrevier zu schaffen (gejagt wurde im Prater übrigens bis 1920). Mehr als 200 Jahre später im Jahre 1766 machte Kaiser Joseph II. den Prater dann großteils der Allgemeinheit zugänglich und dadurch entstand der im Volksmund „Wurschtelprater" genannte nordwestliche Teil, in dem heute der auch außerhalb von Wien bekannte **Vergnügungspark** liegt.

Hier findet man zahlreiche familienfreundliche Schaustell- und Unterhaltungsbetriebe wie Geisterbahnen, Go-Kart-Bahnen und durchaus die Adrenalinausschüttung fördernde Achterbahnen, aber auch genügend **Spiel und Spaß für Kleinkinder** wie Hüpfburgen, Spiegelkabinette oder Karusselle. Natürlich ist ein Besuch des Praters **nur an schönen Tagen** zwischen April und Mitte Oktober zu empfehlen, der Eintritt auf das Gelände ist dabei übrigens kostenfrei. Bezahlt werden müssen die einzelnen Attraktionen bei den jeweiligen Buden. Neben den beiden Jahrmarktsfiguren Calafati und dem Watschenmann ist das absolute Wahrzeichen des Praters, in dessen Eingangsbereich gelegen, das 1896/97 erbaute **Riesenrad** (Fahrpreis 8,50 €, ermäßigt 3,50 €), von dessen Höhen man einen **erstaunlich weiten Blick über die Stadt** bekommt.

Außergewöhnlich ist weiterhin ein Besuch im **Planetarium** und dem dazugehörigen **Pratermuseum** (s. S. 44) mit Exponaten aus der Geschichte

SHALOM VIENNA – DAS JÜDISCHE WIEN

Die Existenz von Juden in Wien ist seit dem Mittelalter, genauer gesagt seit dem Jahr 1194, urkundlich belegt. In den folgenden Jahrhunderten wurden die Juden immer wieder vertrieben und nicht selten vor die Wahl Zwangstaufe oder Hinrichtung gestellt. Ab dem 17. Jh. siedelten sich immer mehr Juden in der Leopoldstadt an, aber erst vor ca. 200 Jahren wurde Wien zu einer Stadt mit einer nennenswert „großen" jüdischen Bevölkerung. Aus den etwa 6200 Juden im Jahre 1860 – sprich kurz nach der bürgerlichen Revolution von 1848, als man auch die Rechte der jüdischen Minderheit verbesserte – wurden etwa 147.000 im Jahre 1900 und dann sogar ca. 190.000 im Jahre 1934. Ende des 19. Jh. und speziell mit Ende der Monarchie hatte die Kunst in Österreich ihre traditionellen Fürsprecher verloren: das Kaiserhaus und die Aristokratie. Fortan war es das Bürgertum – und ganz vorne mit dabei das erstarkte jüdische Bürgertum –, das künstlerisch, kulturell, aber auch wissenschaftlich aktiv war. Ganz gewaltig mitgeprägt wurde diese Entwicklung durch Wiener jüdischen Glaubens wie Arnold Schönberg, Arthur Schnitzler, Peter Altenberg, Max Reinhardt, Karl Kraus, Franz Werfel, Joseph Roth, Stefan Zweig, Sigmund Freud … und natürlich den Begründer des modernen Zionismus: Theodor Herzl. Diese europäische Glanzzeit und erst recht das jü-

dische Wien endete 1938 mit der Ankunft der Nazis unter Adolf Hitler auf dem Heldenplatz. In Folge stand die Verfolgung und Ausrottung der jüdischen Bevölkerung der Stadt auf dem Plan. Von den fast 200.000 Juden Wiens im Jahre 1938 – die Stadt war damit nach Warschau das zweitgrößte Zentrum jüdischen Lebens in Europa – gelang etwa 130.000 Menschen die Flucht, fast der gesamte Rest starb in den Konzentrationslagern. Zeichen historischen jüdischen Lebens gibt es in Wien heute kaum – sieht man von einigen Friedhöfen, Gedenktafeln und dem Stadttempel in der Seitenstettengasse (Nähe Judengasse ❹) ab –, da fast alle Einrichtungen in dem in Wien äußerst brutal verlaufenen Novemberpogrom 1938 (von den Nazis als „Reichskristallnacht" bezeichnet) zerstört wurden. Heutzutage gibt es in Wien wieder etwa 12.000 Juden und die Stadt hat für diese vergleichsweise kleine Gemeinde ein erstaunlich reges Leben mit mehreren koscheren Geschäften und Restaurants, diversen Schulen, Synagogen und etlichen kulturellen Einrichtungen, Events, Musikfestivals und sogar einer jiddischen Theaterwoche. Erste Anlaufstelle für Interessierte sollte das Jüdische Museum (s. S. 42) sowie die daneben befindliche Buchhandlung Singer's Bookshop (Dorotheergasse 11, Tel. 01 5125361) sein.

des Vergnügungsparks. Gastronomisch bietet der Prater eine Vielzahl an Essensbuden und Gasthäusern, bei denen in erster Linie das **Schweizerhaus** (s. S. 31) mit dem großen Gastgarten zu empfehlen ist.

Und falls einem der Rummel im Wurschtelprater zu viel werden sollte, so kann man jenseits der lauten Musik und der Menschenansammlung jede Menge Ruhe spendende **Wiesen und Auen** finden, wo man getrost

die Seele baumeln lassen kann. Die vielleicht beste Möglichkeit, die gesamte Parkanlage kennenzulernen, ist mit einem Fahrrad. **Mieträder** finden sich zur Genüge nahe der verkehrsberuhigten, mit Kastanienbäumen gesäumten **Hauptallee**, die den Praterstern pfeilgerade mit dem edlen Café und Restaurant **Lusthaus** (s. S. 32) verbindet.

Sehenswert sind entlang der 4,5 km langen Hauptallee der als **Heustadel** bekannte See sowie die ungewöhnliche **Republik Kugelmugel**. Dieses Gebäude in Kugelform wurde Anfang der 1970er-Jahre von Edwin Lipburger gebaut, der argumentierte, dass sein Haus nur auf einem Punkt ruhe und damit keine räumliche Ausdehnung habe, was bedeutet, dass es sich in einem staatsfreien Raum befände und er somit seine eigene Republik ausrufen könne.

Als Alternative zum Drahtesel bietet sich die **Liliputbahn** an. Diese Miniaturparkeisenbahn befährt einen Rundkurs von knapp 4 km und verbindet das Riesenrad mit dem **Stadionbad**, einem der größten Freibäder Wiens. Nördlich der Hauptallee erstreckt sich hinter dem Stadionbad das **Ernst-Happel-Stadion**, in dem im

Jahre 2008 die Fußball-Europameisterschaft ihr Endspiel feierte. Westlich vis-à-vis davon befinden sich die Trabrennbahn und das Messegelände. Als realistische Zeitplanung für einen Praterbesuch sollten zwei bis drei Stunden (mit Kindern eher mehr) eingerechnet werden.

❯ Bahn-Station Praterstern

LANDSTRASSE (3. BEZIRK)

Als Landstraße bezeichnet man den 3. Wiener Gemeindebezirk, der südöstlich der Inneren Stadt entlang des Donaukanals liegt. Der vorrangig aus Wohngebieten, weiter östlich auch aus Industrieanlagen bestehende Bezirk verfügt über einige erkundungswürdige touristische Höhepunkte. Dazu gehören das **KunstHausWien**, das **Hundertwasserhaus** und das **Schloss Belvedere** oder der **Friedhof St. Marx** (s. S. 71), auf dem angeblich die Gebeine Wolfgang Amadeus Mozarts beigesetzt sind. Das Hauptgeschäftsviertel ist die **Landstraßer Hauptstraße**, die am Nordende des Stadtparks (s. S. 47), jenseits des

Wienflusses beginnt. Hier befindet sich auch der im Umbau befindliche U-Bahn- und Schnellbahnhof Wien Mitte/Landstraße, von dem man mit dem **City Airport Train** (CAT) in nur 16 Minuten zum Flughafen Schwechat gelangt (s. S. 105).

㉕ KUNSTHAUSWIEN ★ ★ [I6]

Der nördliche Bereich des 3. Bezirks wird vor allem aufgrund der hier zu besichtigenden architektonischen Arbeiten Friedensreich Hundertwassers (1928–2000) besucht.

Der bekannte Wiener Künstler Hundertwasser gestaltete nicht nur Bauwerke, sondern war als Maler und Bildhauer, aber auch als Aktionskünstler und Umweltaktivist tätig. Seine Bilder waren anfangs stark von der Wiener Secession inspiriert und sein Talent, sich selbst zu vermarkten, verhalf ihm zu weltweiter Berühmtheit. Besonders bekannt machten den Künstler seine Gemälde in leuchtenden, kräftigen Farben. Eine **permanente Ausstellung zu seinen Werken** kann man auf einer Fläche von rund 1600 m² im **KunstHausWien** betrachten. Dabei hat Hundertwasser die Umgestaltung des Gebäudes selbst geplant und so erhält man automatisch auch eine Einführung in die Grundzüge des von ihm konzipierten **Baustils**. Exemplarisch ist hierbei, dass er gerade Linien ablehnte und folglich ist

das Museum voller interessanter Formen, in grellen Farben gehalten und mit reichlich Tageslicht durchflutet. Reizvoll sind aber auch die schwarz-weiß gehaltene Fassade sowie der reich bewachsene Innenhof mit dem darin liegenden Café.

> ❯ Untere Weißgerberstraße 14, U-Bahn-Station Landstraße oder Straßenbahnlinie 1 bis Radetzkyplatz, Tel. 01 7120491, www.kunsthauswien.com, tgl. 10–19 Uhr, Eintritt 9 €, ermäßigt 7 €

㉖ HUNDERT-WASSERHAUS ★ ★ [I6]

Nur knappe 400 m vom Kunst-HausWien entfernt befindet sich das 1986 fertiggestellte **Hundertwasserhaus.** Dieses ebenfalls nach den Entwürfen des Wiener Künstlers gestaltete und vom Architekten Josef Krawina gebaute Gebäude ist – im Gegensatz zum KunstHausWien – kein Museum, sondern eine **Wohnhausanlage** der Gemeinde Wien. Das ungewöhnlich farbenfrohe, einem Märchenschloss nachempfundene Haus mit seinen schlangenförmigen Linien, den unebenen Böden, den zwei vergoldeten Zwiebeltürmen, den unregelmäßig geformten Säulen und der üppigen Begrünung folgt definitiv nicht den üblichen Grundregeln der „Allerweltsarchitektur". Das Hundertwasserhaus verfügt über 52 Wohnungen, 4 Geschäftslokale, 16 private sowie 3 gemeinschaftlich genutzte Dachterrassen. Zwar zählt das Gebäude heute zu den **meistbestaunten Sehenswürdigkeiten Wiens**, aber begehbar sind nur die Cafés und Läden im Erdgeschoss.

> ❯ Kegelgasse 34–38, U-Bahn-Station Landstraße oder Straßenbahnlinie 1 bis Hetzgasse, www.hundertwasserhaus.at, für die Öffentlichkeit geschlossen

◀ *Für jeden was dabei – das Freizeitangebot des Praters lässt wahrlich keine Wünsche offen*

㉗ SCHLOSS
BELVEDERE ★ ★ ★   [H8]

Nicht nur wegen der traumhaft entspannenden Gartenanlage praktisch direkt an der Grenze der Inneren Stadt, sondern auch wegen der Möglichkeit, eines der drei großen Kunstmuseen Wiens zu besichtigen, lohnt ein Besuch des Schlossareals Belvedere.

Da der berühmteste Feldherr des habsburgischen Reiches, Prinz Eugen von Savoyen (1663–1736), die türkische Vormacht am Balkan brach, erlaubte der Kaiser ihm, südlich der damaligen Wiener Stadtmauern eine Schlossanlage zu bauen. Das südlich des Schwarzenbergplatzes gelegene, als Schloss Belvedere bekannte **barocke Ensemble** besteht aus zwei Gebäudekomplexen – dem sogenannten **Oberen** und **Unteren Belvedere** –, die durch einen auf drei Terrassen angelegten **französischen Garten** verbunden sind. Ein Besuch des Gartens (kostenlos) alleine ist bereits mehr als lohnenswert, da man von oben einen **Weitblick über Wien** bis hin zum Kahlenberg (s. S. 47) und dem Wienerwald genießen kann (daher der Name Belvedere – in etwa: „schöne Aussicht"). Die im Garten befindlichen Skulpturen aus der griechischen Mythologie versinnbildlichen von unten nach oben den Aufstieg aus der Unterwelt in den Olymp. Geradezu weltberühmt ist das Schloss Belvedere jedoch vor allem aufgrund seiner **Gemälde- und Kunstartikelsammlungen** der Österreichischen Galerie Belvedere (s. S. 43), von denen Exponate in beiden Gebäudekomplexen ausgestellt werden.

Das Untere Belvedere beinhaltet die prachtvollen Prunkräume des Prinzen Eugen von Savoyen. Eindrucksvoll ist

hier das **Deckengemälde** von Martino Altomonte, das den Prinz als jugendlichen Helden und als Apoll umringt von Musen zeigt. Auf der linken Seite des Saales schließt das Paradeschlafzimmer und auf der rechten das Tafelzimmer an. In der daneben liegenden Orangerie befindet sich das **Museum Mittelalterlicher Kunst**, in dem sich z.B. das älteste erhaltene Schnitzwerk Tirols, das Kruzifix von Stummerberg aus dem 12. Jh., befindet.

Das Obere Belvedere wurde von Prinz Eugen einst als Sommerresidenz genutzt. Die kunstvoll gearbeitete und vor Kurzem komplett renovierte **Fassade** des Gebäudes mit der darauf sitzenden Kupferkuppel und dem davor liegenden Teich bildet eines der absoluten Meisterwerke des Wiener Barock. Hier befinden sich vor allem die **Meisterwerke** der österreichischen Künstler des **Fin de Siècle** und des **Jugendstils** wie Gustav Klimt, Koloman Moser, Oskar Kokoschka oder Egon Schiele. Wer nur ein Museum auf dem Areal des Schlosses besuchen möchte/ kann, sollte sich für das Obere Belvedere entscheiden und dabei auf keinen Fall die bedeutenden Werke „Der Kuss" von **Gustav Klimt** (1909), „Selbstporträt mit gesenktem Kopf" von **Egon Schiele** (1912) und „Stillleben mit totem Hammel" von **Oskar Kokoschka** (1919) versäumen. Im Ostflügel des Gebäudes befindet sich das **Österreichische Barockmuseum** (s. S. 43), in dem die Meisterwerke österreichischer Künstler dieser Epoche zu bewundern sind. Sehenswert ist das Obere Belvedere auch aufgrund seiner Innenarchitektur – der prachtvollen Eingangshalle und der anschließenden Prunktreppe. Das Herzstück des Gebäudekomplexes

054wi Abb.: dk

bildet jedoch der **rote Marmorsaal**, in dem am 15. Mai 1955 die Außenminister der vier Besatzungsmächte (Frankreich, Großbritannien, Sowjetunion und USA) zusammen mit dem österreichischen Bundeskanzler Julius Raab, dem Außenminister Leopold Figl und dem damaligen Staatssekretär Bruno Kreisky den **Staatsvertrag** der Zweiten Österreichischen Republik unterzeichneten.

> Rennweg 6a (Unteres Belvedere) und Prinz-Eugen-Straße 27 (Oberes Belvedere), Straßenbahnhaltestelle Unteres Belvedere (Linie 71) oder Schloss Belvedere (Linie D), Tel. 01 795570, www. belvedere.at, Di.–So. 10–18 Uhr, Eintritt pro Museum 9,50 €, ermäßigt 7,50 €, Kombiticket 13,50 €

▲ *Barock pur – das Obere Belvedere mit dem davor liegenden Schlosspark*

WIEDEN, MARGARETEN, MARIAHILF UND NEUBAU (4.–7. BEZIRK)

Der Teil Wiens, der sich etwa vom Südwesten des Karlsplatzes ❿ bis hinter das Parlament ⓳ im Uhrzeigersinn außerhalb des Rings erstreckt, umfasst vier Wiener Gemeindebezirke – von Süden nach Nordwesten: Wieden, Margareten, Mariahilf und Neubau. Man kann diese Bezirke zusammenfassen, da sie nicht nur im touristischen Sinne eine Einheit bilden, sondern auch historisch. Sie liegen allesamt dort, wo sich der ehemalige Linienwall der Stadt befand, und wurden etwa Mitte des 19. Jh. Stadtteile Wiens. Sehenswert sind hier in erster Linie der schönste Markt Wiens, der sog. **Naschmarkt**, die unter Wienern äußerst beliebte Einkaufsmeile um die **Mariahilfer Straße**, an die auch das alte Biedermeierviertel **Spittelberg ㉚** mit seinen Kneipen und Gasthäusern anschließt, sowie das **MuseumsQuartier ㉛**, einer der weltweit größten Museumskomplexe.

㉘ NASCHMARKT ★ ★ [F7]

Willkommen auf Wiens hedonistischstem Einkaufsparadies, dem Naschmarkt! Ob zum Einkaufen an einem der vielseitigen Stände, zum Betrachten der Jugendstilkulisse oder schlichtweg zum Erkunden der lebendigen und doch irgendwie entspannten Lokalszene, man kann dieser Gegend im 4. Bezirk eine gewisse „urbane Exotik" nicht absprechen.

Urkunden zufolge bestand bereits im 18. Jh. ein Markt an den Ufern des Wienflusses. Im Unterschied zum heutigen, zwischen Secession ⓫ und der U-Bahn-Station Kettenbrückengasse gelegenen Naschmarkt, war dieser jedoch ein reiner Bauernmarkt. Heute ist der **Naschmarkt** ein etwa 600 m langes, quirliges Sammelsurium aus dicht aneinander stehenden Obst-, Gemüse, Backwaren-, Fleisch- und Fischgeschäften, deren Händler zusammen mit Gewürz- und Blumenverkäufern und diversen anderen Anbietern ihre Waren an den Mann bringen. Die meisten der fest installierten Stände haben wochentags von 6 bis 18.30 Uhr, samstags bis 17 Uhr geöffnet, sonntags bleibt der Markt geschlossen.

Auffallend ist das ausgesprochen **breite Angebot an exotischen Produkten,** denn ein Großteil der Händler kommt aus Südosteuropa, dem Orient und mittlerweile auch Ostasien. An einem warmen Tag ist es eine wahre Freude, durch die Gassen des Marktes zu wandeln, die fremden Gerüche zu wittern und das bunte Treiben zu studieren. Seit einigen Jahren bietet der Markt auch eine **große Auswahl an Gastronomiebetrieben,** darunter gleichermaßen mit Wiener Küche und ausländischen Leckerbissen. Durch die Marktordnung aus dem Jahr 2006 ist es den Gastronomiebetrieben sogar gestattet, bis ein Uhr morgens offen zu haben, weshalb gerade in den Sommermonaten **auch nachts reger Betrieb** herrscht. Dies gilt im Besonderen für den westlichen Teil des Marktes, in dem sich einige hippe Lokale – z. B. das **Naschmarkt Deli** (Stand 421–436, s. S. 33) und weitere in unmittelbarer Umgebung davon – angesiedelt haben.

Richtig was los ist am Naschmarkt auch oder speziell samstags, denn dann kommen zu den bestehenden ca. 170 festen Händlern auch noch etwa **30 Bauernstände** dazu. Außerdem findet samstags am großen Parkplatz südlich des Naschmarktes bei der Kettenbrücke Wiens größter **Flohmarkt** (s. S. 22) statt. Die Händler hier sind dabei nicht nur Privatpersonen, sondern auch Antiquitätenhändler. Der Flohmarkt beginnt etwa um 5 Uhr morgens und geht bis in die frühen Nachmittagsstunden.

❯ U-Bahn-Station Karlsplatz oder Kettenbrückengasse

Auch die Linke Wienzeile, also die nördliche Straße entlang derer sich der Naschmarkt befindet, beherbergt einige erwähnenswerte Sehenswürdigkeiten. **Musicalfans** sei zuerst das **Theater an der Wien** (s. S. 41) auf der Nr. 6 zu empfehlen. Dieses Haus wurde von Emanuel Schikaneder (1751–1812), dem Textdichter der „Zauberflöte" (1791 in Wien uraufgeführt), aufgrund des ungeheuren Erfolgs von Wolfgang Amadeus Mozarts Oper eröffnet. Hier debütierte im Jahre 1805 Ludwig van Beethovens „Fidelio" und 1874 „Die Fledermaus" von Johann Strauß. Heute finden auf der Bühne vor allem international gefeierte Musicals, aber verstärkt auch wieder Opern statt.

Entlang der Linken Wienzeile sind außerdem das **Wagnerhaus** auf der Nr. 38 und das **Majolikahaus** auf der Nr. 40 in Augenschein zu nehmen. Beide Gebäude wurden vom Wiener Architekten Otto Wagner Ende des 19. Jh. gestaltet und stellen wahre Juwelen des Wiener Jugendstils dar. Die nächste Querstraße ist die Stiegengasse, die in Richtung Norden leicht bergauf führt und über die man, nach Überquerung der Gumpendorfer Straße, die kleine, aber feine **Raimundpassage** erreicht, die ihrerseits auf der Mariahilfer Straße endet.

㉙ MARIAHILFER STRASSE ★ ★ [E7]

Nicht nur den Einheimischen mag manchmal der Graben ❷ zu teuer und die Kärntner Straße ❸ zu touristisch sein. Gott sei Dank gibt es da noch die Mariahilfer Straße im 6. Bezirk. Als eine der größten und bekanntesten Einkaufsstraßen Wiens ist sie der gleichermaßen perfekte Ort für einen relaxten Schaufensterbummel oder für olympisches Hardcoreshopping.

Mit einer Vielzahl an Modeboutiquen, Parfümerien, Bücher- und Elektronikgeschäften, renommierten Kaufhäusern und einer rauen Menge an Kaffeehäusern, Restaurants und Eisdielen bietet die Mariahilfer Straße praktisch **all das, was das Einkaufsherz begehrt**. Die schmale – aber großteils von breiten Gehsteigen gesäumte –, viel befahrene Straße verläuft unweit der südlichen Seite des

Kunsthistorischen Museums ⓱ und endet im Auer-Welsbach-Park in Penzing (14. Bezirk).

Geschäftsmeile ist sie dabei aber nur bis zum Mariahilfer Gürtel. Diese Strecke ist etwa 1,5 km lang und wer sie komplett zu Fuß begehen möchte, dem wird empfohlen, vom Westbahnhof (U-Bahn-Station Westbahnhof) stadteinwärts zu laufen, denn in dieser Richtung geht es leicht bergab. Wer die Wanderschuhe dagegen im Hotel vergessen hat, dem sei an dieser Stelle verraten, dass **unter der Mariahilfer Straße die U3 fährt** und ihr entlang über drei Stationen verfügt (von Westen nach Osten: Westbahnhof, Zieglergasse und Neubaugasse). Im Bezug auf die Kaufhäuser sei speziell der **Gerngross** (s. S. 23) auf der Nr. 42–48 empfohlen. Ein paar Häuser weiter auf der Nr. 26–30 befand sich das zweite Traditionshaus: **Herzmansky** – das alte Schild ist noch am Eck in der Stiftgasse zu sehen –, in dessen Gebäude mittlerweile die Düsseldorfer Modekette Peek & Cloppenburg ansässig ist.

Besonders wertvolle Adressen im gastronomischen Sinne sind das **Yellow** (Bürgerspitalgasse 29, s. S. 33), Wiens hippster Asiate, und das **Café-Restaurant Servus** (Nr. 57–59, s. S. 28). Am unteren Ende der Mariahilfer Straße – und damit praktisch unweit der Ringstraße – führt die Rahlstiege knappe sieben Meter hinunter in die Rahlgasse, auf deren Haus-Nr. 5 die vielleicht schönste Lounge der Stadt, das **Aux Gazelles** (s. S. 36) liegt. Wem das Shoppen, Schlemmen und Feiern zu profan ist und wer sich nach Spiritualität sehnt, dem sei ein Besuch der **Mariahilfer Kirche** (1686–1689) an der Ecke zur verkehrsberuhigten Barnabitengasse empfohlen.

➌⓪ SPITTELBERG ★ [E7]

Etwa 300 m nördlich der Mariahilfer Straße und über die Stiftgasse zu erreichen liegt das als Spittelberg bekannte Viertel, dessen Zentrum in erster Linie die Schrankgasse, Spittelberggasse und Gutenberggasse darstellen. Das Gebiet rund um den Spittelberg (7. Bezirk) war ursprünglich Weideland und wurde im Jahre 1525 vom Bürgerspital erworben, woraus sich der ursprüngliche Name Spitalberg ableitete. Während der Zweiten Türkenbelagerung (1683) wurde das damalige Dorf schwer in Mitleidenschaft gezogen. Kurz vorher im Jahre 1679 hatte bereits die Pest die Einwohnerzahl stark dezimiert. Erst ab dem Ende des 17. Jh. wurden die Häuser wieder aufgebaut – wobei die Legende sagt, dass vielerorts Tote in die Häuser eingemauert wurden, da nicht mehr genügend Platz auf den Friedhöfen war. Charakteristisch für den Spittelberg sind heutzutage die vielen gut erhaltenen **Biedermeierhäuser** sowie **die schmalen Gässchen,** die nach wie vor einen dörflichen Eindruck vermitteln.

In der Vorweihnachtszeit findet hier ein viel besuchter, fast schon „unangenehm liebreizender" **Christkindlmarkt** statt. Besonders beliebt ist das kleine Viertel jedoch in erster Linie aufgrund der **hohen Dichte an Lokalen und Kneipen,** wobei besonders das **Amerlingbeisl** (s. S. 29) mit dem beschaulichen Innenhof wegen seiner einfachen heimischen Küche zu empfehlen ist. Im Norden begrenzt die **Burggasse** den Spittelberg, nach Westen geht es zum **Volkstheater** (s. S. 40), in dem neben Klassikern vor allem zeitgenössische und experimentelle Stücke aufgeführt werden. Auch in der Burggasse sollten zumindest zwei Lokale empfohlen werden: erstens das – wenn es Ihnen mal so richtig italienisch gehen soll – **I Ragazzi** (Nr. 6–8, s. S. 33), die wahrscheinlich unverfälschteste Trattoria der Stadt, und das Gasthaus „Zu den 2 Lieserln" (Nr. 63, s. S. 31), ein urgemütliches echtes Wiener Beisl.

> U-Bahn-Station Volkstheater oder Neubaugasse

➌➊ MUSEUMS-QUARTIER ★ ★ ★ [F7]

Reichlich Kunst, eine äußerst rege Lokalszene, ausruhen auf riesigen Betonliegesofas oder ausgefallene Mitbringsel in den hiesigen Kunstshops erspähen, das MuseumsQuartier im 7. Bezirk wird einem wahrlich nie langweilig!

Am östlichsten Ende der Burggasse liegen die ehemaligen kaiserlichen **Hofstallungen.** Der 1725 erbaute ockerfarbene barocke Fischer-von-Erlach-Trakt bildet heute das Herzstück eines der **beachtlichsten neueren Architekturprojekte** Wiens: das **MuseumsQuartier,** kurz MQ. Auf diesem 2001 eröffneten Kulturzentrum, das mit 60.000 m² einen der zehn größten Museumskomplexe unseres Planeten darstellt, schufen die Architekten Ortner & Ortner ein harmonisches Zusammenspiel aus neuer Baukunst und alter Bausubstanz.

Der Fischer-von-Erlach-Trakt beherbergt das **Quartier 21,** ein multimediales Zentrum, in dem mehrere zeitgenössische Kultureinrichtungen untergebracht sind und das kleinen und mittelgroßen autonomen Kulturinitiativen Platz und Unterstützung bietet. Ein riesiger zentraler, mit weißem Kalkstein gepflasterter **Innenhof,** der sich mittlerweile zu einer Art urbanem **Freilufterholungsraum** entwickelt hat (dank der einladenden, Enzis genannten Betonliegesofas), trennt das alte Gebäude von zwei modernen Häusern.

Im südlichen Teil des Hofes handelt es sich dabei um das **Leopold Museum** (s. S. 43), einen mit weißem Muschelkalk verkleideten quaderförmigen Bau, in dem sich eine spektakuläre Sammlung von Malereien österreichischer Künstler wie Gustav Klimt und Oskar Kokoschka befindet, darunter auch die **weltweit größte Sammlung von Bildern des Malers Egon Schiele**. Im Norden des Hofes befindet sich das **MUMOK** (s. S. 43), das Museum Moderner Kunst Stiftung Ludwig Wien, ein kubisches, mit Basalt ummanteltes, anthrazitfarbenes Gebäude, das über mehrere „Kellergeschosse" in die Tiefe gebaut wurde. Hier finden sich **Dauerexponate zeitgenössischer Kunst** sowie zumindest immer eine zeitlich begrenzte Sonderausstellung. Diese beiden Museen sollten bei einem Besuch des MQ, für den man mindestens zwei Stunden veranschlagen sollte, ganz oben auf der „Liste" stehen. Sowohl das Leopold Museum als auch das MUMOK sind durch jeweils eine Freitreppe zu begehen. Zwischen den Freitreppen befindet sich die ehemalige **Winterreithalle**, in deren Anschluss die **Kunsthalle Wien** (s. S. 42) mit ihren beiden Ausstellungshallen liegt, in denen ebenfalls zeitgenössische Kunst gezeigt wird.

Außerdem gibt es auf dem Areal des MQ ein **Architekturzentrum** mit diversen Wechselausstellungen, ein **Kindermuseum** namens ZOOM (s. S. 42), einen eigenen Shop mit MQ-Souvenirs, zwei hervorragende Buchgeschäfte sowie **diverse Restaurationsbetriebe** wie zum Beispiel die Kantine mit den leckersten Pita-

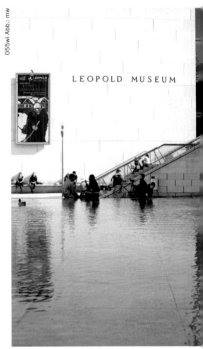

LEOPOLD MUSEUM

055wi: Abb.: mw

Sandwichs der Stadt, das MQdaily, das Café Leopold oder das Café.Restaurant.HALLE. Außerdem werden Hof und Gebäudekomplex für diverse **regelmäßige Kulturveranstaltungen** genutzt.

❯ Museumsplatz 1, U-Bahn-Station MuseumsQuartier oder Volkstheater, Tel. 0820 600600 oder 01 5235881, www.mqw.at

▲ *Schwer, sich hier nicht auf Kunst einzulassen – das Museums-Quartier hat wirklich das perfekte Art-Ambiente*

JOSEFSTADT
UND ALSERGRUND (8. UND 9. BEZIRK)

Zwischen der Lerchenfelder Straße hinter dem Parlament ❶ im Süden und dem Donaukanal im Norden liegen die **Josefstadt** (8. Bezirk) und der **Alsergrund** (9. Bezirk). Diese flächenmäßig äußerst kleinen Stadtteile zwischen Zentrum und Gürtel waren noch bis ins 18. Jh. mit Donauarmen und kanalisierten Wienerwaldbächen durchzogen, die später zugeschüttet wurden. Im Volksmund gilt v. a. der 9. Bezirk auch als **Ärzteviertel**, denn hier liegt das **Allgemeine Krankenhaus**, kurz AKH, das von jeher das Zentrum des Wiener Gesundheitswesens darstellt. Ebenfalls hier ansässig ist die von der Universität Wien unabhängige **Medizinische Universität Wien** in der Spitalgasse. Im 8. Bezirk befindet sich das wunderschöne, bereits 1788 gegründete **Theater in der Josefstadt** (s. S. 40). Auch im 9. Bezirk befinden sich drei erwähnenswerte Museen: das **Sigmund Freud Museum** (s. S. 44), das **Museum Liechtenstein** ❸❷ mit der privaten Kunstsammlung des Fürstenhauses Liechtenstein sowie das **Geburtshaus** des Komponisten und „Liederfürsten" **Franz Schubert** (s. S. 44).

❸❷ PALAIS LIECHTENSTEIN ⋆ [F4]

Das Palais Liechtenstein, ein grandioses Beispiel barocker Baukunst in Wien, beherbergt eine beachtliche Sammlung an Kunst von der Renaissance bis hin zum Biedermeier.

Das Palais wurde Ende des 17. Jh. von Fürst Johann Adam Andreas von Liechtenstein (1662–1712) beim italienischen Baumeister Domenico Egidio Rossi in Auftrag gegeben. Es stellt eine Mischung aus Stadt- und Landhaus im römischen Stil dar. Interessant ist, dass der große Kunstsammler und Mäzen von Liechtenstein **nur italienische Künstler** engagieren wollte, da den anderen, so meinte er, der *buon gusto* (der gute Geschmack) fehle. Und so waren für die malerische Ausstattung der **Deckenmalereien** im ersten Stock und des grandiosen Deckengemäldes im **Großen Festsaal** (dem sog. Herkulessaal) Künstler aus Bologna und Venedig verantwortlich.

Ein Besuch des Palais Liechtenstein ist vor allem deshalb lohnenswert, da sich hier die enorm umfangreiche **private Kunstsammlung** des Fürstenhauses – das **Museum Liechtenstein** – befindet. Die Sammlung beinhaltet Gemälde und Plastiken aus vier Jahrhunderten von der Renaissance bis hin zum Biedermeier, wobei der Schwerpunkt auf der Kunst des **Barockzeitalters** liegt und hier speziell auf Werken des flämischen Künstlers **Rubens** (1577–1640). Im Eingangsbereich des Erdgeschosses – und somit auch unentgeltlich zu betrachten – ist der **vergoldete Prunkwagen** der Fürstenfamilie ausgestellt. In Anbetracht der Tatsache, dass die Stadt über so viele Kunstmuseen verfügt, mag das Museum Liechtenstein für viele Wienbesucher mehr unter „ferner liefen" wahrgenommen werden. Dennoch, wer sich für die genannten Epochen interessiert, der wird einen Besuch (ca. zwei Stunden) nicht bereuen.

❭ Fürstengasse 1, Straßenbahnhaltestelle Seegasse (Linie D), Tel. 01 31957670, www.liechtensteinmuseum.at, Fr.–Di. 10–17 Uhr, Eintritt 10 €, ermäßigt 5 €

ENTDECKUNGEN AUSSERHALB DER INNENSTADT

Zumindest im touristischen Sinne kann man die „Innenstadt" als die bis hierher beschriebenen Bezirke zusammenfassen. Begrenzt werden sie im Westen durch die Donau und ansonsten durch den sog. Gürtel. Neben der Ringstraße und der dahinter verlaufenden „Zweierlinie", bildet der Gürtel die dritte, ringförmig um den Stadtkern liegende Hauptverkehrsader der Stadt. Außerhalb des Gürtels liegen weitere Gemeindebezirke, von denen speziell der im Westen gelegene 13. namens Hietzing zu erwähnen ist, denn hier befindet sich das Schloss Schönbrunn, der dazugehörige Schlosspark und der Schönbrunner Tiergarten. Im Nordwesten der Stadt, und damit idyllisch am Rande des Wienerwaldes, liegt Döbling, der 19. Bezirk, vom dem man auch auf die nahe gelegenen Berge wie den Kahlenberg (s. S. 47) und den Cobenzl gelangt. Döbling ist weiterhin besonders durch den Stadtteil Grinzing und seine v. a. bei Touristen äußerst beliebten Weinlokale bekannt. Etwas einheimischer geht es dagegen bei den Heurigen in Stammersdorf (s. S. 35) im 21. Bezirk auf der anderen Seite der Donau zu. Ebenfalls in diesem und dem angrenzenden 22. Bezirk liegt außerdem das im Sommer populäre Freizeit- und Badeareal der Alten Donau sowie die aufgrund ihres enormen Unterhaltungsprogramms ausgezeichnete Donauinsel.

▶ *Wie ein Relikt aus einer vergangenen Zeit wirkt das Schloss Schönbrunn mit dem Park und der darüber thronenden Gloriette*

❸❸ SCHLOSS SCHÖNBRUNN ★ ★ [KARTE II, A9]

Während man in der Hofburg ❹ regierte, wurde das pompöse Schloss Schönbrunn zum Feiern und Genießen konzipiert. Die zwischen 1695 und 1713 nach Entwürfen des Bauherrn Johann Fischer von Erlach erbaute Zweitresidenz der Habsburger zeigt wie kein anderer Ort, in welch verschwenderischem Überfluss die ehemaligen Monarchen lebten und ihre Macht und ihren Reichtum dabei in Saus und Braus zur Schau stellten.

Die Idee zum Bau des Schlosses kam nach der Zweiten Türkenbelagerung (1683), während der das hier ursprünglich gelegene Waldgebiet vollständig verwüstet wurde. Es war Leopold I., der für seinen Thronfolger Joseph I. den Bau des Schlosses in

057 wi Abb.: mw

Auftrag gab. Die Habsburger waren jedoch zuerst wenig an Schönbrunn interessiert, bis Karl VI. es seiner Tochter **Maria Theresia** (1717–1780) schenkte. Die resolute Monarchin – als erste Frau des Reiches bestieg sie 1740 selbst den Thron und modernisierte daraufhin das Schul- und Verwaltungswesen – erkor das Schloss zum **Sommersitz** und ließ es in den Jahren 1743–1749 durch ihren Hofarchitekten Nikolaus von Pacassi erweitern und umbauen. Aus dieser Zeit stammt der Großteil des Interieurs, das als einzig **namhaftes Beispiel des Rokoko** in Österreich gilt. Heute stellt das Schlossareal mit jährlich knapp 7 Mio. Besuchern eine der meistbesuchten Sehenswürdigkeiten Wiens dar und steht seit 1996 als Weltkulturerbe auf der UNESCO-Liste.

Sehenswert ist zuallererst das Schlossgebäude selbst, in dem neben den diversen **prunkvoll ausgestatteten Privatgemächern** der ehemaligen Regenten, der privaten **Schlosskapelle** Maria Theresias und dem berühmten **Napoleonzimmer**, der **Spiegelsaal** (im Ostflügel) und die **Große Galerie** (im Mittelteil), zwei prächtige, üppig mit Kristallspiegeln und riesigen Lüstern verzierte Festsäle im Stil des Rokoko besichtigt werden können. Nicht übersehen sollte man die vielen **Porträts der diversen Familienmitglieder** wie z. B. das der 1793 in Paris guillotinierten Erzherzogin Marie Antoinette im **Salon der Kaiserin Elisabeth.** Außergewöhnlich ist weiterhin die Anzahl der Einrichtungsstücke aus Übersee wie z. B. die fernöstlichen Vasen und Lacktafeln im **Blauen Salon** und im sog. **Vieux-Laque-Zimmer**, als auch die aus Indien stammenden Miniaturen, die in die Rosenholzvertäfelung im **Millionenzimmer** eingelassen sind.

Aufgrund der Größe des Schlosses ist ein **Besuch zeitaufwendig** – mindestens zwei Stunden. Dabei muss erwähnt werden, dass vieles dessen, was hier besonders reizvoll ist, von Nichthistorikern wohl nur im Zuge einer **Führung** oder mithilfe eines **Audioguides** zu erfassen ist. Östlich des Hauptgebäudes liegt die **barocke Orangerie**, in der zu Zeiten der Kaiserin Orangenbäume und andere exotische Pflanzen überwinterten. Überhaupt liebten die Habsburger die Welt der Botanik, wovon auch der **Schönbrunner Schlosspark ㉞**, ein aus Frankreich inspirierter **Lustgarten** im Stil des Barock zeugt.

> Schönbrunner Straße 47, U-Bahn-Station Schönbrunn, Tel. 01 811130, www.schoenbrunn.at, 1. November–31. März tgl. 9–16.30 Uhr, 1. April–30. Juni und 1. September–31. Oktober tgl. 8.30–17 Uhr, 1. Juli–31. August tgl. 8.30–18 Uhr, Eintritt ab 9,50 €, ermäßigt 6,50 €

㉞ SCHLOSSPARK UND TIERGARTEN SCHÖNBRUNN
★ ★ ★   [KARTE II, A10]

Es ist eine wahre Wohltat, an einem schönen Tag durch den Park zu wandeln oder eine der zahlreichen Parkbänke für eine Verschnaufpause zu nutzen. Dabei ist ein **Besuch des Schlossparks** im Unterschied zum Schloss **kostenfrei** und die Tore sind täglich ab 6.30 bis 17 Uhr, im Frühling und Sommer bis mindestens 19 Uhr geöffnet. Im Schlosspark befindet sich im südöstlichen Seitenteil der **Schöne Brunnen** – von dem das Schloss Schönbrunn seinen Namen hat. Kurz davor liegt die 1778 künstlich errichtete **Römische Ruine**, die einem Titustempel aus dem Alten Rom nachempfunden ist. Ebenfalls der römisch-griechischen Mythologie

058wi Abb.:mw

entsprungen sind die **32 Skulpturen,** die das Zentrum des Parks – das sog. Große Parterre – schmücken. Am Fuß des Hanges steht der eindrucksvolle **Neptunbrunnen,** der mit überlebensgroßen Figuren dieses Parterre optisch abschließt. Den Hügel „erklimmt" man auf einem zickzackförmigen Weg und erreicht an der Spitze die **Gloriette.** Es handelt sich dabei um einen 1772–1775 gebauten **Arkadengang** oberhalb des Schlosses, der den Schlossgarten nach Süden hin begrenzt. Die seit josephinischer Zeit genau wie das Schloss selbst in typischem **Schönbrunnergelb** gehaltene Gloriette war als „Denkmal für den gerechten Krieg" konzipiert, wurde aber auch als Speisesaal genutzt. Heute befindet sich hier neben einer **Aussichtsplattform** das nette **Café Gloriette** (s. S. 26) – von beiden hat man einen erstklassigen Ausblick auf das unten gelegene Schloss und die Stadt dahinter. Im Westen des Parks liegen das in Glas und Stahl gehaltene **Palmenhaus,** das **Wüstenhaus,**

ein **Irrgarten** (alle drei kostenpflichtig) und ein Spielplatz.

Von hier aus kommt man auch in den **Tiergarten Schönbrunn,** den ältesten noch bestehenden Zoo der Welt. Der bereits 1752 von den Habsburgern gegründete Tiergarten zählt aber heute dank zahlreicher Innovationen, Erneuerungen und Erweiterungen auch **zu den zeitgemäßesten und beliebtesten weltweit.** Er ist dabei baulich eine Erweiterung des Schlosses, wobei im Besonderen betont werden muss, dass viele der alten gusseisernen Käfige mittlerweile durch **großzügige Gehege** ersetzt wurden. Im Zoo leben ca. 750 Tierarten und man sollte für einen Besuch mindestens eineinhalb Stunden einplanen. Hauptattraktionen sind z. B. das 2004 neu eröffnete **Polarium** mit

▲ *Das Palmenhaus stellt einen der Höhepunkte des Schlossparks Schönbrunn dar*

Pinguinen, Robben und Seelöwen, das Nilpferdhaus, die **Sibirischen Tiger** und weitere Raubtiere, die **Panda-** und Ameisenbären, die Fidschi- und Nashorn-Leguane, die Orang-Utans, die Elefanten und der stockdunkle **Fledermausgang.**

> Maxingstraße 13 B, U-Bahn-Station Hietzing, www.zoovienna.at, Tel. 01 8779294, tgl. 9–16.30 Uhr (im Februar bis 17 Uhr, März und Oktober bis 17.30 Uhr, April–September bis 18.30 Uhr), Eintritt 14 €, ermäßigt 6 €

③⑤ GRINZING ★ [KARTE I]

Schlendert man durch die kleinen Gässchen mit ihren immer noch **dörflich wirkenden Häusern** im Stadtteil Grinzing im 19. Wiener Gemeindebezirk, scheint es, als seien die Uhren in dieser **hügeligen Gegend** stehen geblieben. Grinzing wird von einigen Bächen durchlaufen und ist stark vom bewaldeten Bergrücken des Wienerwalds geprägt, weshalb dieses Gebiet auch bei den einheimischen Spaziergängern äußerst gefragt ist – dazu gehört auch im Besonderen die Anhöhe des **Kahlenbergs** (s. S. 47). Auffallend sind die **Weinstöcke** an den Hängen der hier gelegenen Höhenzüge und tatsächlich ist Grinzing in Wien fast gleichbedeutend mit Wein. Die Grinzinger Straße, Sandgasse, Himmelstraße und die Cobenzlgasse bilden heute ein von **Heurigen** (s. S. 34) überzogenes Viertel. Zwar sind so ziemlich alle hier ansässigen Lokale traditionell und authentisch-rustikal gestaltet, verfügen meist über schöne Gastgärten und bieten am Abend live gespielte **Heurigenmusik,** ziehen dabei aber **speziell Touristen** an, die nicht selten gleich busseweise anreisen. Zu den empfehlenswerteren Lokalen zählen unter anderem die älteste

DER WIENER WEIN

*Kaum eine andere Metropole weltweit verfügt über nennenswerte Weinanbaugebiete innerhalb der Stadtgrenzen. Wien dagegen zählt über 340 Weinhauer (Winzer), die eine Fläche von etwa 670 Hektar bebauen. Den absoluten Löwenanteil aller Weingärten teilen sich der 19. und der 21. Bezirk. Die Wiener Tropfen sind dabei in keiner Weise von „schlechten Eltern", denn man keltert **fast ausschließlich Qualitätsweine,** wovon die diversen Preise und Medaillen in vielen Heurigenlokalen in Grinzing und Stammersdorf zeugen. Der Weißwein - mit den Rebsorten Grüner Veltliner, Rheinriesling, Weißburgunder und Chardonnay - ist dabei mit 80 % seinem roten Vetter weit voraus, wenn auch in den letzten Jahren ein Trend Richtung Ausweitung der Rotweinproduktion - Blauer Zweigelt, Blauer Burgunder und Cabernet Sauvignon - festzustellen ist. Kein Wunder also, dass der Wein einen so wichtigen Teil der Wiener Lokalkultur ausmacht.*

Taverne des Viertels, das **Alte Presshaus** (s. S. 34), der **Kronprinz Rudolfshof,** der **Reinprecht** und der **Feuerwehr-Wagner.** Etwas außerhalb von Grinzing gelegen, und dadurch auch nicht so auf Auswärtige fokussiert, sind außerdem der **Mayer am Pfarrplatz** (s. S. 35) und der wunderschön inmitten der Weinberge gelegene **Weinhof Zimmermann** (s. S. 35).

> Straßenbahnhaltestelle Grinzing (Linie 38 ab Schottentor)
> für Weinhof Zimmermann: Bushaltestelle Neustift am Walde (Linie 35A ab Spittelau oder Nußdorfer Straße)

PRAKTISCHE REISETIPPS

AN- UND RÜCKREISE

MIT DEM AUTO

Von Frankfurt/Main nach Wien sind es rund 730 km, davon etwa 700 auf der Autobahn. Von München sind es etwa 410 km. Wer aus dem Süden oder Südwesten Deutschlands oder aus der Schweiz anreist, hat die Wahl: Man kann über München auf der A8 bis Salzburg und von dort auf der österreichischen A1 bis Wien fahren oder – etwas schöner, dafür aber nicht durchgängig per Autobahn – über die B12/E552 von München bis Braunau am Inn und dann auf die A8 Richtung Wien. Wer aus einem anderen Teil Deutschlands anreist, sollte auf der A3 bis Passau fahren und dann bei Schärding auf die A1 wechseln. Siehe auch das Kapitel „Autofahren" (s. S. 106).

MIT DEM ZUG

Wien verfügt über **mehrere Bahnhöfe,** wobei die internationalen der **Westbahnhof** [D7/8] und der im Bau befindliche Hauptbahnhof [H9] sind. Züge aus Deutschland sowie aus der Schweiz kommen in der Regel am Westbahnhof an, während die beiden EC-Züge aus Berlin und Dresden zurzeit **Wien Meidling** ansteuern. Für Deutsche, die mit der Bahn anrollen, sind Surf&Rail International oder Sparpreis 25/50 Europa, SparNight und CityNightLine sowie Autoreisezüge nach Österreich im Angebot.

> Info und Buchung: www.bahn.de, zu den Angeboten der Österreichischen Bahnen (ÖBB): www.oebb.at

Der im 15. Gemeindebezirk gelegene **Westbahnhof** bildet den Kopfbahnhof der österreichischen Westbahn. Er liegt unmittelbar am Gürtel und die an der Südseite des Gebäudes verlaufende Mariahilfer Straße ❷❾ stellt auf der anderen Seite des Gürtels eine direkte Verbindung zur Ringstraße und somit in die Innere Stadt dar. Im (zurzeit im Umbau befindlichen) Westbahnhof selber gibt es mehrere Lokale, einen Supermarkt und weitere Geschäfte, dafür ist das Umfeld wenig attraktiv. Vom Westbahnhof erreicht man mit der U3 problemlos das Zentrum (Stephansplatz ❶). Auch zahlreiche Straßenbahnlinien verbinden verschiedene Stadtteile mit dem Bahnhof und es gibt eine direkte Autobuslinie zum Flughafen Schwechat.

Der zukünftige **Hauptbahnhof** (der **ehemalige Südbahnhof**) liegt unmittelbar am Gürtel, unweit des Schlosses Belvedere ❷❼. Er befindet sich bis voraussichtlich 2015 im Bau und wird auf lange Sicht den Westbahnhof ersetzen. Bis dahin fahren alle Züge in den Süden und Südosten Österreichs, aber auch nach Ungarn, Kroatien, Slowenien oder in die Slowakei und nach Tschechien von **Wien Meidling** ab. Dorthin gelangt man mit der U6, z. B. vom Westbahnhof.

MIT DEM FLUGZEUG

Austrian Airlines (www.aua.com) und **Lufthansa** (www.lufthansa.com) fliegen von zahlreichen deutschen Flughäfen und **Swiss** (www.swiss.com) von Basel, Genf und Zürich nach Wien. Außerdem verbinden **Air Berlin** (www.airberlin.com), **Fly Niki** (www.

◀ *Vorseite: Entspannung pur – die „Enzis" genannten Betonliegen im MuseumsQuartier (s. S. 96)*

flyniki.com) und **Germanwings** (www.germanwings.com) mehrere deutsche Städte mit Wien, die beiden Erstgenannten auch Zürich.

Der **Flughafen Wien-Schwechat** liegt etwa 18 km südöstlich des Stadtzentrums und ist über die Autobahn A4 mit der Stadt verbunden. Am günstigsten gelangt man mit der halbstündig fahrenden **S-Bahn-Linie S7** für 3,40 € zu den Bahnhöfen Wien Mitte/Landstraße [H6] oder Wien Nord/Praterstern [I5] (jeweils ca. 35 bzw. 45 Min. Fahrzeit). Wer bereits eine Tages- bzw. Monatskarte oder eine Vienna Card (s. S. 108) besitzt, den kostet ein S-Bahn-Ticket nur 1,70 €.

Zwischen 5 und 0.20 Uhr fährt jede halbe Stunde außerdem ein **Shuttlebus**, der den Flughafen mit dem **Bahnhof Wien Meidling** und dem Westbahnhof verbindet, sowie eine weitere Buslinie zum Schwedenplatz ❻. Die Fahrt dauert je nach Verkehrslage mindestens 35 Min., Kostenpunkt 6 €

pro Person (Hin- und Rückfahrt 11 €, mit Vienna Card 5 € einfach und 10 € hin und zurück).

Die bequemste, schnellste, aber auch teuerste Verbindung ist mit dem **City Airport Train (CAT)**. Dieser ebenfalls halbstündlich fahrende Schnellzug verbindet den Flughafen mit der Haltestelle Wien Mitte/Landstraße [H6] in genau 16 Minuten. Das einfache Ticket für den CAT kostet 10 €, Hin- und Rückfahrt 16 €. Der große Vorteil des CAT ist, dass man bei Rückflug für einige Fluggesellschaften das Gepäck **bereits in Wien Mitte** – meist ab 12 bis 24 Stunden vor Abflug – **einchecken** kann. Infos unter www.cityairporttrain.com.

▲ *Wiens Tor zur Welt –
auf dem Flughafen in Schwechat*

Eine **Taxifahrt** von Schwechat nach Wien oder umgekehrt kostet je nach Entfernung zwischen 30 und 50 €.

❯ Flughafen Wien-Schwechat, Tel. 01 70070, Flugauskunft Tel. 01 700722233, www.viennaairport.com

AUTOFAHREN

In Wien benötigt man weder ein eigenes Auto noch einen Mietwagen. Das **öffentliche Verkehrsnetz ist hervorragend ausgebaut** und leicht durchschaubar. Außerdem ist das Stadtzentrum übersichtlich und viele Ziele der Inneren Stadt lassen sich mühelos zu Fuß erreichen. Hinzu kommt, dass sich das **Parken** in der Innenstadt – und das sind alle Gemeindebezirke innerhalb des Gürtels, also 1.–9. sowie der 20. und Teile des 15. Bezirks – äußerst schwierig gestaltet bzw. man auf relativ **teure Parkplätze und Parkhäuser** angewiesen ist. Gebührenfreie Zonen gibt es in den angesprochenen Bezirken gar nicht, sondern man muss Parkscheine – max. Parkdauer eineinhalb bis zwei Stunden – in einer Trafik (Zeitschriften- und Zigarettengeschäft), einer Bank, einem Bahnhof oder einer Vorverkaufsstelle der Wiener Linien kaufen (0,60 € für eine halbe Stunde, 1,20 € für eine Stunde und 1,80 € für eineinhalb Stunden) und diese ausgefüllt hinter die Windschutzscheibe legen. **Parkhäuser** kosten 3–4 € pro Stunde, sind dafür aber meist 24 Stunden geöffnet, Hotelparkhäuser gibt es ebenfalls vereinzelt.

❯ **Autobahnvignette:** In Österreich sind alle Autobahnen und Schnellstraßen kostenpflichtig. Man zahlt die Gebühr mit Kauf einer Klebevignette (umgangssprachlich *Pickerl* genannt), die bei Automobilklubs sowie an Tankstellen und Postämtern im Grenzbereich erhältlich ist. Es gibt Vignetten für 10 Tage, drei Monate oder ein Jahr – Infos hierzu auf www.vignette.at.

❯ **Geschwindigkeitsbeschränkung:** innerorts 50 km/h, außerorts 100 km/h, Autobahn 130 km/h

❯ **Wichtig:** Die bis vor Kurzem geltende ganztägige Abblendlichtpflicht wurde wieder aufgehoben, kann aber jederzeit erneut eingeführt werden. Achten Sie bei Grenzübertritt auf entsprechende Hinweisschilder. Außerdem herrscht Warnwestenpflicht.

❯ Die **Blutalkoholgrenze** liegt bei 0,5 ‰.

BARRIEREFREIES REISEN

Wien wird zunehmend **barrierefreier**, so sind mittlerweile immer mehr Straßenbahnen Niederflurbahnen und auch die Busse sind so konzipiert, dass Rollstuhlfahrer problemlos ein- und aussteigen können. Außerdem gibt es zahlreiche öffentliche **Behindertenparkplätze**. Behindertengerechte Ausstattung bzw. Barrierefreiheit ist jedoch gerade bei vielen Lokalen, bei einigen Hotels und bei manchen Sehenswürdigkeiten, öffentlichen WCs und in Theatern und Konzerthäusern nicht immer realisiert.

Pannen-Notrufnummern

❯ **ADAC Notruf Österreich:** Tel. 01 2512060 (Festnetz) bzw. 0043 1 2512060 (Mobil)

❯ **ÖAMTC-Nothilfe:** Tel. 120 (österreichweit, 24 Std.)

❯ **Auto-, Motor- und Radfahrerbund Österreichs (ARBÖ),** Brünner Straße 170, 1210 Wien, Tel. 050 1232900, Pannendienst (24-Std.-Notruf): Tel. 123

> Infos finden sich auf der Seite **Wien Info** unter www.wien.info. Hier kann man ein spezielles Infoblatt als RTF-Dokument herunterladen (b2b.wien.info/data/barrierefrei08.rtf).

> Informativ sind auch die Internetseiten www.oear.or.at und www.ibft.at.

● **158** [D7] **Behindertenberatungszentrum Bizeps**, Kaiserstraße 55/3/4a, Tel. 01 5238921, www.bizeps.or.at. Hier gibt es einen speziellen Lokalführer (namens Bizeps – Essen mit wenigen Hindernissen).

● **159** [A7] **Österreichischer Blinden- und Sehbehindertenverband**, Selbsthilfeorganisation blinder und sehbehinderter Menschen, Hägelingasse 3, Tel. 01 982758412 und 0800227700 (gratis), www.oebsv.at

> Gehörlose finden Informationen zu diversen Themen unter www.gehoerlos.at, außerdem gibt es einen Notruf für Gehörlose: 0800133133.

DIPLOMATISCHE VERTRETUNGEN

● **160** [H7] **Deutsche Botschaft in Wien**, Metternichgasse 3, 1030 Wien, Tel. 01 711540, www.wien.diplo.de, Konsularabteilung Mo.–Fr. 9–12 Uhr

● **161** [H8] **Schweizer Botschaft in Wien**, Prinz-Eugen-Str. 7–11A, 1030 Wien, Tel. 01 79505, www.eda.admin.ch/wien, Mo.–Fr. 9–12 Uhr

EIN- UND AUSREISE-BESTIMMUNGEN

Durch die Tatsache, dass Deutschland, Österreich und seit 2008 auch die Schweiz Mitglieder des sogenannten Schengen-Raums sind, entfallen Kontrollen des Personenverkehrs an den gemeinsamen Grenzen. Dies gilt übrigens nur bedingt für die Rückreise aus Österreich in die Schweiz, denn hier sind Zollkontrollen weiterhin möglich bzw. üblich. Staatsbürger der Bundesrepublik Deutschland und der Schweiz müssen bei der Einreise nach Österreich einen gültigen Personalausweis oder Reisepass mitführen.

In Österreich haben die innerhalb der EU geltenden Zollbestimmungen Gültigkeit (Infos dazu findet man unter www.bmf.gv.at/zoll). Tabakwaren oder alkoholische Getränke sind nur so weit abgabenfrei, als sie dem Eigenbedarf dienen. Es gibt einen Richtlinienkatalog, der zum Beispiel 800 Zigaretten oder 20 l Wein vorsieht. Die Grenzen für Schweizer Bürger sind strenger und betragen beispielsweise nur 1 l Alkohol über 15 % Vol. oder 200 Zigaretten (Infos: www.ezv.admin.ch).

GELDFRAGEN

Auch in Österreich zahlt man mit dem **Euro**. Das **Preisniveau** in Wien ist vergleichbar mit jenem süddeutscher Städte oder der Schweiz. Die **Maestro-(EC-)Karte** (in Österreich werden sie auch als „Bankomatkarte" bezeichnet) kann gegen Gebühr an jedem Automaten mit Geheimnummer zum Abheben von Bargeld eingesetzt werden, die Gebühren für das Abheben mit der **Kreditkarte** sind deutlich höher. Kreditkarten werden in den meisten Restaurants und Geschäften sowie an allen Tankstellen akzeptiert. In Notfällen hilft der Western Union **Bargeldservice** weiter (Tel. 0180 5225822, www.westernunion.de), der von Post oder Reisebank angeboten wird.

WIEN PREISWERT

> Ein guter Tipp für Wien-Besucher, die mehrere Attraktionen besuchen möchten, ist der Kauf einer **Vienna Card**. Sie gilt für bis zu drei Tage, erlaubt dabei freie Fahrt auf den „Wiener Linien" und gewährt Vergünstigungen in den meisten Museen und Preisnachlässe in ausgesuchten Restaurants und Geschäften - Kostenpunkt 18,50 €.

> Wien hat eine sehr hohe Trinkwasserqualität. Wer **Leitungswasser** in eine Trinkflasche abfüllt und mitnimmt, kann sich gerade im Sommer häufige Stopps in Cafés sparen.

> In Konzerthäusern, der Staatsoper, dem Burgtheater und den meisten anderen Theatern gibt es **billige Eintrittskartenkontingente und Stehplatzkarten,** die erst kurz vor den jeweiligen Vorstellungen verkauft werden.

060wi Abb.: dk

INFORMATIONS-QUELLEN

INFOSTELLEN ZU HAUSE

> **Österreich Werbung Deutschland GmbH,** Klosterstr. 64, 10179 Berlin, Tel. 030 2191480 (Mo.-Fr. 9–17 Uhr), www.austriatourism.com

> **Österreich Werbung Schweiz,** Zurlindenstr. 60, 8036 Zürich, Tel. 4571040 (Mo.-Fr. 9–17 Uhr), www.austriatourism.com

> **Urlaubsservice der Österreich Werbung,** Tel. (aus Deutschland) 01802101818 (6 Cent/Anruf a. d. Festnetz), Tel. (aus der Schweiz) 00800 400 200 00, www.austria.info (unter „Service" kostenlose Prospektbestellung)

INFOSTELLEN IN DER STADT

❶162 [G7] **Tourismus Wien,** Albertinaplatz (Ecke Maysedergasse), Tel. 01 21114, Tel. (für Übernachtungen) 01 2455, www.wien.info, tgl. 9–19 Uhr. Neben Broschüren und vielen Infos über Wien und Umgebung auch Unterkunftsvermittlung, Literatur, Karten, Buchung von Führungen und Stadtrundfahrten sowie Ausflügen, Verkauf von Tickets und der Vienna Card. Eine Zweigstelle befindet sich auch am Flughafen Wien-Schwechat (Öffnungszeiten 9–22 Uhr).

DIE STADT IM INTERNET

> **www.wien.info:** Die Seite von Tourismus Wien ist die umfassendste und aktuellste Infoseite mit Hinweisen zu Attraktionen,

◀ *Hier bleibt kaum eine Wien betreffende Frage offen: die Touristeninformation am Albertinaplatz*

Veranstaltungen, Hotels, Gastronomie, Shopping sowie reichlich weiterer praktischer Tipps. Hierüber gelangt man auch zur Datenbank mit allen aktuellen Events: http://events.wien.info

> **www.wien.gv.at:** Die Seite des Wiener Rathauses wartet mit Zahlen, News, Veranstaltungen etc. auf, v. a. die Rubrik Tourismus ist für Besucher recht aufschlussreich.

> **www.falter.at:** Die Seite der Stadtzeitung „falter" hat enorm viele Tipps und Veranstaltungshinweise.

> **www.vienna.at:** News und allerlei Wissenswertes zu Wien gibt es auf dieser Stadtseite, die auch jede Menge Insiderinfos, Partytipps und das aktuelle Wetter verrät.

> **www.wienheute.at:** Die aktuelle Wiener Tageszeitung im Internet beinhaltet Infos, die über das normale Touristeninformationsbedürfnis hinausgehen. Neben Veranstaltungen erfährt man hier auch, was Wien bewegt, sowie reichlich Klatsch und Tratsch.

PUBLIKATIONEN UND MEDIEN

Die beiden renommiertesten **Tageszeitungen** mit ausgiebigen Lokalteilen sind die „Presse" und der „Standard", die über auch für Touristen recht aufschlussreiche **Wochenendbeilagen** verfügen. Die „Kronen Zeitung" ist das meistgelesene Blatt des Landes, aber auch das reißerischste.

MEINE LITERATURTIPPS

Zur Einstimmung oder als Begleitung auf der Reise bieten sich die folgenden Werke an:

> *Thomas Bernhard, **Heldenplatz** (1988): Ein Drama um den Mathematikprofessor Josef Schuster. Auf gekonnt zynische - und für viele Österreicher skandalöse - Weise wird der Anschluss Österreichs durch Nazideutschland 1938 beleuchtet.*

> *Monika Czernin, **Gebrauchsanweisung für Wien** (2008): Eine sehr brauchbare Einführung in die Wiener Lebensart und in allerlei Kurioses der Stadt.*

> *Radek Knapp, **Herrn Kukas Empfehlungen** (1999): Ein überaus heiterer Roman über das Leben eines jungen Polen in Wien kurz nach Öffnung des Eisernen Vorhangs.*

> *Johann Nestroy, **Einen Jux will er sich machen** (1842): Eine Posse um den Kommisar Weinberl, der durch Verwechslungen und Missverständ-*

nisse immer tiefer in die Absurdität abrutscht. Eines der berühmtesten österreichischen Theaterstücke.

> *Helmut Qualtinger und Karl Merz, **Der Herr Karl** (1961): In diesem Drehbuch eines Theaterstücks wird das Bild des Wieners in Monologform auf die Schippe genommen. Schlichtweg grandios!*

> *Joseph Roth, **Kapuzinergruft** (1938): Der aus Slowenien stammende Franz Ferdinand Trotta erzählt aus seinem Leben und zeichnet dabei eine moralische Abrechnung mit der Donaumonarchie. Ein Großteil der Handlung spielt in Wien.*

> *Friedrich Torberg, **Die Tante Jolesch oder Der Untergang des Abendlandes in Anekdoten** (1975): Eine Sammlung - angeblich wahrer - Anekdoten aus dem vorwiegend jüdisch-intellektuellen Milieu des Wiens der Zwischenkriegszeit. Äußerst witzig!*

Als **Boulevardblatt** ist außerdem der „Kurier" zu bezeichnen, der ebenfalls die Kino- und Theaterprogramme abdruckt. Die beste **Stadtzeitung** ist zweifelsohne der „falter", mit allem Wichtigen zu wer, was, wann und wo. Aufschlussreich und interessant ist außerdem der „Augustin", die Obdachlosenzeitung, die häufig von Zeitungsausträgern in Cafés verkauft wird, wobei der Erlös Obdachlosenprojekten zugute kommt.

An **lokalen Radiosendern** stehen neben den ORF-Programmen Ö1 (87,8 MHz), Ö3 (99,9 MHz) und Radio Wien (89,9 MHz) seit über zehn Jahren auch reichlich Privatsender zur Auswahl, darunter Antenne Wien (102,5 MHZ), Krone Hit (105,8 MHz), Radio Arabella (92,9 MHz) und Radio Energy (104,2 MHz).

INTERNET UND INTERNETCAFÉS

Erfreulicherweise bieten mittlerweile die meisten größeren und besseren Hotels gratis WLAN-Internetzugang im Zimmer bzw. in der Lobby. Auch gibt es in immer mehr Cafés die Möglichkeit, sich mit dem eigenen Laptop in das WWW einzuloggen. Des Weiteren ist bspw. das ganze Museums-Quartier ❸ Wi-Fi-Zone und bietet kostenlosen Internetzugang. Außerdem existieren die folgenden zentral gelegenen Internetcafés:

@**163** [G7] **internet cafe**, Kärntner Straße 61, Tel. 01 5039844

@**164** [G6] **Nescafé net.café**, Hoher Markt 8–9, Tel. 0664 4000808

@**165** [G5] **Speednet-Cafe**, Morzinplatz 4, Tel. 01 5325750

@**166** [G7] **Surfland**, Krugerstraße 10, Tel. 01 5127701

MEDIZINISCHE VERSORGUNG

Mit der **Europäischen Krankenversicherungskarte** (EHIC) können gesetzlich Krankenversicherte europaweit unmittelbar erforderliche medizinische Versorgung in Anspruch nehmen. Die Karte gilt in allen Ländern der EU und bei in Deutschland gesetzlich Versicherten ist sie kostenlos bei der Kasse zu erhalten. Die Vorlage der Karte genügt, um bei Unfall oder akuter Erkrankung medizinisch behandelt zu werden. Gegebenenfalls kann es von Vorteil sein, eine **Auslandsreisekrankenversicherung** abzuschließen, insbesondere hinsichtlich des Rücktransports im Krankheitsfall.

Apotheken sind in Wien zahlreich und leicht zu finden. Außerhalb der regulären Öffnungszeiten (meist Mo.– Fr. 8–12 und 14–18 Uhr, Sa. 8–12 Uhr) sind diensthabende Apotheken den Aushängen an den Apotheken zu entnehmen oder über die Tel.-Nr. 01 1550 zu erfragen.

Diensthabende Zahnärzte können erfragt werden bei:
› **Ärztekammer für Wien**, Weihburggasse 10–12, Nottel. 01 5122078

Das größte **Krankenhaus** Wiens ist das:
✚**167** [E5] **Allgemeine Krankenhaus** (AKH), Währinger Gürtel 18–20 (U-Bahn-Station Michelbeuren-AKH mit Linie U6), Tel. 01 404000

Den **ärztlichen Notdienst** erreicht man Mo.–Fr. 19–7 Uhr und Sa./So. und feiertags rund um die Uhr unter 141. Außerdem gibt es die **ViennaMed Ärzte-Hotline** unter Tel. 01 5139595 (24-Std.-Service).

MIT KINDERN UNTERWEGS

Für aktive Familien gibt es mehrere Möglichkeiten, eine unterhaltsame Zeit in Wien zu verbringen. Die Stadt kann durchaus als kindergerecht, im Frühling und Sommer geradezu als Kinderparadies bezeichnet werden. Für Kids besonders interessante Ziele sind u. a. das **Haus der Musik ❾**, das **Schmetterlingshaus** im Burggarten (s. S. 46), das **Naturhistorische Museum ⓲**, das riesige Areal des **Praters ㉔** mit seinem Vergnügungspark und den Grünanlagen, der **Augarten** (s. S. 46), das **Kindermuseum ZOOM** (s. S. 42) im MuseumsQuartier ㉛, der Tiergarten und der Irrgarten im Schlosspark Schönbrunn ㉞, die **Donauinsel** und die **Strandbäder der Alten Donau** (s. S. 46). In der **Tourismus Wien Filiale** (s. S. 108) gibt es außerdem die Broschüre „Alles, was Kindern Spaß macht" mit reichlich Tipps zu diversen Unternehmungen.

Wien verfügt auch über mehrere ausgesprochene Kindertheater:

↻**168** [F7] **DschungelWien,** Museumsplatz 1 (im MuseumsQuartier ㉛), Tel. 01 522072019, www.dschungelwien.at. Stücke für Kinder und Jugendliche, teilweise sogar von diesen selbst geschrieben und auf die Bühne gebracht.

↻**169** [Karte II, B9] **Marionettentheater Schloss Schönbrunn,** Hofratstrakt, Tel. 01 8173247, www.marionettentheater.at. Mitten im Schloss Schönbrunn ㉝ befindet sich das gleichnamige Marionettentheater.

↻**170** [E7] **Theater der Jugend,** Neubaugasse 38, Tel. 01 52110230, www.tdj.at. Eine große Bühne für kleine Gäste.

▲ *Der Prater (s. S. 88) – schlichtweg das Nonplusultra in Sachen Spaß und Spiel*

Dieses seit 1932 bestehende Theater ist das bekannteste seiner Art.

⟲171 [H6] **Urania Puppenbühne**, Uraniastraße 1, Tel. 01 7126191, www.kasperlundpezi.at. Seit Generationen lachen Kinder in Wien über Kasperl und Pezi, die in der Puppenbühne des Volksbildungshauses Urania regelmäßig ihr Unwesen treiben.

NOTFÄLLE

VERLUST UND DIEBSTAHL

Diebstähle und Verlust von Wertgegenständen, Geld, Kreditkarten und des Ausweises muss man bei der **Polizei** melden und protokollieren lassen.

➤172 [F5] **Bundespolizeidirektion Wien**, Schottenring 7–9, Tel. 01 31310
> **Wiener Fundamt**, Servicenr. 0900 600200, www.fundamt.gv.at
> Fundbüro der Wiener Linien, Tel. 01 7909 43500
> Fundbüro der ÖBB, Südbahnhof, Tel. 93000 22222

Verlorengegangene Kredit- oder Debitkarten sollte man umgehend per Anruf beim zentralen **Sperrannahmedienst für Debitkarten** (z. B. girocard-Karten, Maestro, BankCards, SparkassenCards) unter Tel. 0049 (0) 1805021021 (14 Cent/Min.) oder aber beim **zentralen Sperr-Notruf** unter Tel. 0049 116116 (gebührenpflichtig, hier auch Kreditkartensperrung möglich) melden.

In **Österreich** und der **Schweiz** gibt es keine zentrale Sperrnummer, daher sollten sich Besitzer von in diesen Ländern ausgestellten Maestro-(EC-) oder Kreditkarten vor der Abreise über den zuständigen Sperrnotruf informieren.
> www.kartensicherheit.de
> www.sperr-notruf.de

NOTRUFNUMMERN

> Euronotruf: 112
> Feuerwehr: 122
> Polizei: 133
> Rettung/Notarzt: 144
> Ärzte-Funkdienst: 141
> ÖAMTC-Pannenhilfe: 120

ÖFFNUNGSZEITEN

In Wien sind **die meisten Geschäfte** Mo.–Fr. 9–18.30 Uhr und Sa. 9–16/17 Uhr geöffnet, kleinere Läden und solche außerhalb der Innenstadt machen manchmal eine Mittagspause. Lebensmittelläden öffnen meist früher und schließen samstags oft schon am frühen Nachmittag, **Postämter** sind Mo.–Fr. 8–12 und 14–18 Uhr und Sa. 9–12 Uhr geöffnet. **Museen** besucht man am sichersten zwischen 10 und 16 Uhr, wobei viele davon – aber nicht alle – montags geschlossen haben. Ämter sollten zwischen 8 und 12 Uhr besucht werden, **Banken** sind gewöhnlich Mo., Di., Mi. und Fr. von 8–15 und Do. bis 17.30 Uhr für Kunden geöffnet. Sonntags bleiben alle Geschäfte geschlossen, Ausnahmen bilden Shops in den Bahnhöfen und auf dem Flughafen.

POST

In Österreich gibt es für Auslandsbriefverkehr **zwei Versandarten: Priority** und **Economy**, wobei Standardsendungen bis 20 g und Postkarten

▶ *Die Rosa Lila Villa ist die optimale Anlaufstelle für Schwule und Lesben in Wien*

immer schnell bzw. Priority transportiert werden und 0,65 € innerhalb Europas, 1,40 € weltweit kosten. Im Inland werden für Standardbriefe und Postkarten 0,55 € fällig. Mehr Informationen findet man unter www.post.at. **Briefkästen** sind gelb.

✉ 173 [H6] **Hauptpostamt Wien,**
Fleischmarkt 19

RADFAHREN

Wien ist im Laufe der letzten Jahre zu einer ausgesprochen **radfreundlichen Stadt** geworden und die Wiener werden dementsprechend immer **radbegeisterter.** Durch die vielen Parkanlagen, die **vielen Radwege** in der Innenstadt sowie die komplizierte Parkplatzsituation erstaunt das nicht. Fahrräder können in **öffentlichen Verkehrsmitteln** Mo.–Fr. 9–15 und ab 18.30 Uhr, Sa. ab 9 Uhr und So. ganztägig für 0,80 € (Halbpreisfahrschein) mitgenommen werden. Einzige Einschränkung stellt die U6 dar, in der nur in den Niederflurwagen Räder erlaubt sind. Seit einigen Jahren stehen neben Mieträdern auch die Citybikes (www.citybikewien.at) an über 50 über die Stadt verteilten Terminals zur Verfügung, für deren Anmietung man eine österreichische MaestroCard, eine internationale Kreditkarte oder eine Citybike Tourist Card benötigt, die man bei Royal Tours (Herrengasse 1–3, Tel. 01 7104606) oder über Pedal Power bekommt.

🚲 174 [J5] **Pedal Power,** Ausstellungsstraße 3 (Prater), Tel. 01 7297234, www.pedalpower.at

🚲 175 [J5] **Radverleih Hochschaubahn,** Prater 113, bei der Hochschaubahn, Tel. 01 7295888, www.radverleih-hochschaubahn.com

🚲 176 [F8] **Riebl Intersport,** Schönbrunner Straße 63, Tel. 01 5447534

🚲 177 **Radsport Nussdorf,** Donaupromenade, Tel. 01 3704598, www.donau-fritzi.at

🚲 178 [K3] **Rad- und Skaterverleih Copa Cagrana,** Reichsbrücke – Donauinsel, Am Damm 1, Tel. 01 2635242, www.fahrradverleih.at

🚲 179 **Radverleih Ostbahnbrücke,** Donauinsel – Ostbahnbrücke bei km 8,5, Tel. 0664 9743718, www.radverleih-ostbahnbruecke.at

SCHWULE UND LESBEN

Wien verfügt über eine durchaus große Schwulen- und Lesbenszene, wenn diese auch nicht mit denen in vielen deutschen Großstädten vergleichbar ist. Ein wirkliches Epizentrum der Schwulen- und Lesbenszene

062wi Abb.: dk

gibt es nicht, vielmehr sind Lokale und Klubs mit vorrangig homosexuellem Publikum über die ganze Stadt verteilt.

Infostellen in Wien sind z. B.

ⓘ**180** [E8] **Rosa Lila Villa,** Linke Wienzeile 102, Tel. 01 5854343, www.villa. at. Eine Art Beratungsstelle für Schwule und Lesben, mit reichlich Informationen zu schwul-lesbischem Leben in Wien. Angeschlossen befindet sich das Café Willendorf.

ⓘ**181** [I5] **Homosexuelle Initiative Wien,** Novaragasse 40, Tel. 01 2166604, www.hosiwien.at

ⓘ**182** [F8] **Qwien – Zentrum für schwul/ lesbische Kultur und Geschichte,** Große Neugasse 29, www.qwien.at. Hier gibt es schwule Stadtführungen.

Über **Tourismus Wien** (s. S. 108) gibt es die wirklich hervorragende Broschüre „Queer Guide" mit reichlich Tipps und Informationen. Man kann diese Broschüre auch online unter b2b.wien.info/data/queer-guide-d. pdf bzw. ausgehend von www.wien. info/schwul-lesbisch öffnen. Außerdem bieten die folgenden Seiten Wissenswertes:

> www.gayboy.at
> www.gaynet.at
> www.rainbow.at

Ausgesprochene Schwulen- und Lesbenlokale sind:

◎**183** [F5] **Café Berg,** Berggasse 8. Mit dem angeschlossenen Szene-Buchgeschäft namens Löwenherz ist das Café Berg eine gemütliche Anlaufstelle zum Kaffeetrinken, Sinnieren, Schmökern und Relaxen.

◎**184** [F7] **Marea alta,** Gumpendorfer Straße 28. Als Allround-Bar der homosexuellen Szene – mit Chill-out-Lounge, DJ und super Cocktails – ist das Marea alta seit vielen Jahren aktuell.

◎**185** [G7] **Shambala Bar,** Opernring 13–15. Eine der hippsten Chill-out-Bars mit leckeren Cocktails und Live-DJs.

◎**186** [F8] **Sling,** Kettenbrückengasse 4. Diese Cruising-Lounge-Bar richtet sich ausschließlich an ein schwules Publikum.

Beliebte Klubs sind:

◉**187** [B6] **DRAMA!,** Ottakringer Straße 91, www.dramaclub.at. Die Eventlocation der Ottakringer Brauerei bietet Clubbings vom Feinsten, die jeweils unter einem bestimmten Motto stehen. Hier findet man nicht nur zur Gay-Community gehörendes Publikum.

◉**188** [G6] **Why Not,** Tiefer Graben 22, www.why-not.at. Die älteste und faktisch auch einzige reine Schwulendisco in Wien. House- und technolastige Musik.

◉**189** [F8] **Wiener Freiheit,** Schönbrunner Straße 25. Die Wiener Freiheit ist einem britischen Club nachempfunden. Neben drei Bars verfügt es über eine große Diskothek und viele gemütliche Sitznischen. Vor allem am Wochenende setzt sich das Publikum aus einer bunten Mischung von Schwulen, Lesben und Heterosexuellen zusammen.

SICHERHEIT

Für Besucher ist Wien **eine sichere Stadt,** zumindest keinesfalls unsicherer als jede andere Großstadt in Zentraleuropa. Die **üblichen Vorsichtsmaßnahmen** im Hinblick auf Schmuck, Handtaschen und Geldbeutel, Kameras u. a. Wertgegenstände, vor allem bei Massenaufläufen, Veranstaltungen, auf Märkten oder in öffentlichen Verkehrsmitteln, sind wie immer und überall angeraten. Ist man bestohlen worden, muss bei der Polizei Anzeige erstattet werden (siehe Kapitel „Notfälle").

STADTTOUREN

BUS- UND STRASSENBAHNTOUREN

Diese Touren sind in der Regel praktisch, da alle wichtigen Sehenswürdigkeiten in einem Rutsch abgeklappert werden. Wirklich persönlich sind die Touren aber nicht, so werden zum Beispiel die Erklärungen zu den einzelnen Attraktionen meist als vorgefertigte Audiodatei über Kopfhörer eingespielt.

> **Vienna Sightseeing,** Tel. 01 71246830, www.viennasightseeingtours.com. Die gelben Doppeldeckerbusse – teilweise oben offen – sieht man überall in Wien. Vienna Sightseeing bietet neben der klassischen City Tour + Schönbrunn (ca. 3 Std., 37 €) auch eine Sondertour „Imperiales Wien" (ca. 3 Std., 39 €) sowie diverse Touren in die nähere und weitere Umgebung der Stadt. Auch „Hop On Hop Off" ist hierbei möglich.

> **Red Bus City Tours,** Tel. 01 5124030, www.redbuscitytours.at. Die „rote" Konkurrenz bietet zwei Touren, erstens die Innere Stadt entlang des Ring + Prater (ca. 1,5 Std., 14 €) sowie die große Stadttour inkl. Schloss Belvedere, Schloss Schönbrunn, Grinzing und den angrenzenden Wienerwald (ca. 3,5 Std., 32 €).

> **Oldtimer Tours,** www.oldtimertours. at, Tel. 01 503744312. Die definitiv persönlichste der hier erwähnten Touren in einem historischen

Feuerwehrmannschaftsbus umfasst Erklärungen von einem Reiseführer und beinhaltet im Großen und Ganzen die Gebäude entlang der Ringstraße sowie das MuseumsQuartier (ca. 1 Std., 18 €).

> **Vienna-Ring-Tram,** www.wienerlinien.at. Die in gelb gehaltene Vienna-Ring-Tram ist eine für Touristen umfunktionierte Straßenbahn, die in etwa 24 Min. eine Runde um den Ring (im Uhrzeigersinn) fährt. Dabei werden dem Besucher über Kopfhörer Informationen zu den Sehenswürdigkeiten gegeben. Die Straßenbahn hält an jeder Ring-Haltestelle und man kann mit einem 24-h-Ticket beliebig oft aus- und einsteigen. Die Ring-Tram ist täglich von 10 bis 18 Uhr unterwegs; Endstation ist der Schwedenplatz, wo die Tram immer um 15 und 45 Min. nach der vollen Stunde ankommt und 6 Min. später abfährt (ab 6 €, 24-Std.-Ticket 9 €).

SCHIFFFAHRTEN

> **DDSG Blue Danube Schifffahrt GmbH,** www.ddsg-blue-danube.at, Tel. 01 588800. Für sämtliche Flusstouren – ob als reine Besichtigungstour der Donau und des Donaukanals, Konzertfahrten oder Dinner bei Kerzenlicht an Deck – ist die Donaudampfschifffahrtsgesellschaft

▶ *Ein immer wiederkehrender Anblick in Wien: die Tourbusse von Vienna Sightseeing*

Blue Danube zuständig. Die Standard-tour „Große Donaurundfahrt" (ca. 3,5 Std.) kostet 19,50 €. Der Bootsanlege-platz befindet sich am Handelskai 265 (U-Bahn-Station Vorgartenstraße).

SONSTIGE TOUREN

> **Wiener Spaziergänge**, www.wienguide. at, Tel. 01 4899674. Der Verband der Fremdenführer „Wiener Spaziergänge" gehört zum offiziellen Fremdenverkehrs-amt der Stadt. Rund 60 verschiedene Spaziergänge mit den unterschiedlichs-ten Themen werden angeboten, darun-ter auch die klassische Einführungstour „Wien auf den ersten Blick". Der Preis einer Tour liegt bei 14 €, exklusive even-tueller Eintrittspreise.

> **Fiakertouren**, ab Albertina-, Helden-oder Stephansplatz, www.fiaker.at oder www.fiaker.net, Tel. 01 7491704 oder 01 6161725. Eine Fahrt mit dem Fia-ker (bitte auf dem a betonen!) gilt als typisches Wienerlebnis. Zur Auswahl steht die „kleine Rundfahrt" (ca. 20 Min., 40 €), die „große Rundfahrt" (ca. 40 Min., 65 €) und die Ein-Stunden-Rundfahrt (95 €).

> **Fahrradtouren** werden von Pedal Power (www.pedalpower.at, Tel. 01 7297234) angeboten, wobei es tgl. eine Vormit-tags- und eine Nachmittagstour gibt (je-weils ca. 3 Std., 23 €). Individuelle Tou-ren bietet außerdem Bike & Guide (www. bikeandguide.com, Tel. 01 2121135).

> **Segway-Touren:** Neuerdings kann Wien auch mit dem Segway – einem Elektro-roller (Foto s. S. 7) – erkundet werden. Sowohl Pedal Power (s. o.), als auch Vienna Sightseeing (s. S. 115) bieten etwa 3-stündige Touren entlang der Ringstraße und in der Inneren Stadt (ca. 70 €). Voraussetzung für eine Seg-way-Tour ist das Mindestalter von 12 Jahren sowie ein Körpergewicht von mind. 45 kg bzw. max. 113 kg.

TELEFONIEREN

Wiens Vorwahl lautet 01, innerhalb der Stadt muss sie von Festnetz zu Festnetz nicht mitgewählt werden, bei Gesprächen vom Handy zum Fest-netz jedoch schon.

Die **Ländervorwahl** nach Österreich lautet **0043**. Die darauffolgende 0 der Ortsnummer entfällt bei Gesprä-chen aus dem Ausland, im Land sel-ber muss sie jedoch mitgewählt wer-den. Aus Österreich muss folgende Nummer vorgewählt werden:

> Deutschland: 0049

> Schweiz: 0041

Bei **Münz- und Wertkartentelefonen** der Telekom Austria gibt es im In-landsverkehr nur eine Zone (gesam-tes Bundesgebiet) und keine zeitliche Staffelung. Das Telefonieren aus dem Hotelzimmer kann deutlich teurer sein als an öffentlichen Apparaten. Telefonkarten erhält man in Postäm-tern und Trafiken (Zeitschriften- und Zigarettengeschäft).

Mobiltelefone funktionieren im GSM-Netz im 900-MHz- und im 1800-MHz-Bereich. Dank eines EU-Beschlusses gelten für das Telefo-nieren mit Handy im EU-Ausland mitt-lerweile maximale Preisobergrenzen, deren aktuelle Höhe man am bes-ten vor der Reise beim Handybetrei-ber erfragt.

▶ *Bereits von außen sehenswert – das luxuriöse Hotel Imperial*

UNTERKUNFT

ALLGEMEINE SITUATION

Das Thema Unterkunft stellt in Wien kein Problem dar. Die Stadt verfügt über etwa 450 Hotels aller Kategorien und ist – im Vergleich zu anderen europäischen Großstädten – auch nicht übertrieben kostspielig. Die Hotels in der Inneren Stadt sind normalerweise teurer als solche im Umkreis. Durch das gut ausgebaute Nahverkehrsnetz ist aber eine Unterkunft etwas weiter draußen nur in den seltensten Fällen ein echter Nachteil.

Angenehm ist, dass in den meisten Hotels ein reichhaltiges Frühstück (meist in Büffetform) im Preis eingeschlossen ist.

Eine Vorausbuchung empfiehlt sich das ganze Jahr über, speziell aber in den Frühlings- und Sommermonaten sowie im Advent, über Silvester und generell an Wochenenden. Hochsaison ist um Ostern und Pfingsten, von Juni bis August sowie im Dezember.

> Tourismus Wien bietet kostenlose Hotelbuchungen an: www.wien.info, info@wien.info, Tel. 0043 1 24555
> Alternativ dazu gibt es sog. Broker, wie beispielsweise www.hotel.de, www.hotelreservierung.de, www.hrs.de

PREISKATEGORIEN

Da Preise saisonal variieren und zudem rasch veränderlich sind, ist es unmöglich, genaue Summen anzugeben. Die nachfolgend verwendeten Preiskategorien können daher nur als Anhaltspunkte dienen (pro DZ und Nacht inkl. Frühstück).

€€€	über 150 €
€€	100–150 €
€	unter 100 €

UNTERKUNFTSTIPPS

Sofern sich die nachfolgenden Unterkünfte nicht im 1. Bezirk befinden, wird dies explizit angegeben.

064wi Abb.: dk

Luxuskategorie

⌂190 [G7] **Hotel Imperial** €€€, Kärntner Ring 16, www.luxurycollection.com/ imperial, Tel. 01 501100. Dieses bereits 1873 eröffnete Traditionshaus ist eines der schönsten Beispiele der Wiener Architektur des 19. Jh. Mit 138 komfortabel gestalteten Zimmern und Suiten und seiner Lage direkt an der Ringstraße neben dem Musikverein stellt es ein ideales, wenn auch teures Refugium für einen Wienbesuch dar.

⌂191 [G7] **Hotel Sacher** €€€, Philharmonikerstraße 4, Tel. 01 51456810, www. sacher.com. Zum Sacher muss nicht viel gesagt werden, denn es ist zweifelsohne das berühmteste Hotel Wiens. Und wem die Zimmerpreise nicht zu teuer sind, dem ist hier, hinter der Wiener Staatsoper in einem der 152 luxuriös eingerichteten Räume tatsächlich ein besonders exklusives Wienerlebnis garantiert.

Obere Kategorie

⌂192 [G6] **Graben Hotel** €€–€€€, Dorotheergasse 3, Tel. 01 51215310, www. kremslehnerhotels.at. Inmitten des angenehm beschaulichen Antiquitätenviertels liegt dieses geschichtsträchtige Haus, dessen Jugendstileinrichtung auf das Jahr 1918 zurückgeht. Mit etwas Glück wohnt man hier in einem Zimmer (41 an der Zahl), in dem vielleicht bereits Peter Altenberg, Franz Grillparzer, Max Brod oder Franz Kafka genächtigt hat.

⌂193 [H6] **Hollmann Beletage** €€–€€€, Köllnerhofgasse 6, Tel. 01 9611960, www.hollmann-beletage.at. Das extravaganteste Hotel Wiens. Mit 25 unterschiedlich gestylten Zimmern ist ein Aufenthalt hier ein echtes Erlebnis. Im Vordergrund steht das persönliche Wohlergehen und die wohnliche Atmosphäre.

⌂194 [E7] **Hotel Altstadt Vienna** €€–€€€, Kirchengasse 41, Tel. 01 5226666 und 01 52633990, www.altstadt.at. Im 7. Bezirk, nahe der belebten Burggasse gelegen, befindet sich dieses nette Hotel in einem 1902 erbauten Gebäude. Die 42 großzügigen, hohen, hellen und individuell eingerichteten Zimmer bieten wahrhaftig ein erstaunlich angenehmes Ambiente.

⌂195 [H6] **Hotel Am Parkring** €€€, Parkring 12, Tel. 01 514800, www.schick-hotels. com. Zwar nicht im schönsten, dafür aber 13 Stockwerken höchsten Gebäude in diesem Teil der Inneren Stadt liegt das Hotel Am Parkring. So ziemlich jeder der 58 Räume – ob Zimmer, Suite oder Appartement – verfügt über eine außergewöhnliche Aussicht über die Dächer der Stadt, meist sogar von der eigenen Terrasse aus.

⌂196 [G8] **Hotel Erzherzog Rainer** €€, Wiedner Hauptstraße 27–29, Tel. 01 22111, www.schick-hotels.com. Im 4. Bezirk, unweit des Karlsplatzes und des Naschmarktes gelegen, liegt dieses 1913 eröffnete Hotel. Durch die 84 traditionell herrschaftlichen Zimmer und den feudalen Eingangsbereich weht noch heute etwas Donaumonarchieflair.

⌂197 [G6] **Hotel König von Ungarn** €€€, Schulerstraße 10, Tel. 01 515840, www.kvu.at. Parallel zur Wollzeile, und damit in ruhiger und doch zentraler Lage, befindet sich dieses rund 300 Jahre alte Gebäude mit dem überdachten Innenhof, in dem die Lobby untergebracht ist. Auch hier erstrahlt noch überall etwas der „guten alten Zeit", als in den 33 Zimmern vorwiegend ungarische Adlige und Magnaten residierten. Man beachte die Seiten der alten Gästebücher, die an den Wänden der Gänge zu sehen sind.

⌂198 [Karte I] **Landhaus Fuhrgassl-Huber** €€–€€€, Neustift am Walde 68/ Rathstraße 24, Tel. 01 4403033, www. fuhrgassl-huber.at. Die ultimativste Adresse jenseits des hektischen Großstadttrubels. Idyllisch inmitten der Weinberge am äußersten Rande des 19. Bezirks gelegen, bietet dieses Hotel all die Vorzüge eines echten Landhauses. Die 38 Zimmer sind rustikal, aber elegant und viele verfügen über einen eigenen Balkon oder sogar eine Terrasse.

🏠**199** [G6] **Pension Aviano** €€, Marco d'Aviano Gasse 1, Tel. 01 5128330, www.secrethomes.at. „Klein, aber fein" beschreibt diese geschmackvoll gestaltete, im 3. und 4. Stock eines Patrizierhauses unmittelbar an der Kärntner Straße gelegene Pension wohl am allerbesten. Und mit gerade mal 17 Zimmern – darunter zwei Eckzimmer mit Blick auf die Kärntner Straße – strahlt sie genau jene Individualität aus, die man in großen Hotels so häufig vermisst.

Mittlere und Untere Kategorie

🏠**200** [G8] **Clima Cityhotel** €-€€, Theresianumgasse 21a, Tel. 01 5051696, www.climacity-hotel.com. Von außen mag dieses Gebäude nicht besonders wirken, dafür bietet es im Inneren umso mehr. Im 4. Bezirk gelegen, aber mit der U-Bahn praktisch mit der Innenstadt verbunden, hat man im Clima Cityhotel aus den oberen Stockwerken einen Panoramablick über Wien. Einige der 37 modern und geschmackvoll – im Bauhausstil – eingerichteten Zimmer verfügen über begrünte Balkone.

🏠**201** [H6] **Hotel Austria** €€, Wolfengasse 3/Fleischmarkt 20, Tel. 01 51523, www.hotelaustria-wien.at. Ruhiger kann man zu vergleichbaren Preisen in der Innenstadt kaum wohnen. In einer engen Sackgasse gelegen, beherbergt dieses mit viel Liebe zum Detail gestaltete Hotel 46 Zimmer – allesamt im Biedermeierstil –, die um einen Innenhof angeordnet sind.

🏠**202** [F7] **Hotel 3 Kronen** €-€€, Schleifmühlgasse 25, Tel. 01 5873289, www.hotel3kronen.at. Im 4. Bezirk direkt beim Naschmarkt und in der abends lebendigen Schleifmühlgasse liegt dieses geschmackvolle Hotel mit 41 Räumen.

065wi Abb.: dk

Das späthistorische Décor der Fassade setzt sich auch in den rund vier Metern hohen Zimmern – allesamt 2006 renoviert – fort.

🏠**203** [G6] **Hotel Kärntnerhof** €€, Grashofgasse 4, Tel. 01 5121923, www.karntnerhof.com. 44 Zimmer, darunter einige geräumige Appartements für bis zu fünf Personen, bietet das Altwiener Hotel Kärntnerhof, in dem die persönliche Betreuung des Gastes oberste Priorität hat. Gutes Preis-Leistungs-Verhältnis.

🏠**204** [G6] **Hotel Pension Neuer Markt** €-€€, Seilergasse 9, Tel. 01 5122316, www.hotelpension.at. In dieser

▲ *Gastfreundlich, gemütlich und günstig: das nette Hotel 3 Kronen in der Schleifmühlgasse*

familiären Pension kommt man sich, zumindest was die Einrichtung angeht, eher wie in einer Privatwohnung vor. Die Rezeption liegt im zweiten Stock (mit Lift zu erreichen) – und die 37 Zimmer liegen einen Stock darüber. Billiger geht es in der Inneren Stadt zu vergleichbarem Komfort wirklich nirgends!

🏨 **205** [C7] **Hotel Stadthalle** €–€€, Hackengasse 20, Tel. 01 9824272, www.hotelstadthalle.at. Abseits des Trubels im geruhsamen 15. Bezirk, aber unweit des Westbahnhofes gelegen, ist dieses schicke Boutiquehotel mit seinen 44 Zimmern – die ruhigen liegen zum idyllischen Hofgarten hin – ein Kleinod der Entspannung.

🏨 **206** [G6] **Hotel Wandl** €€, Petersplatz 9, Tel. 01 534550, www.hotel-wandl.com. Bereits seit 1854 befindet sich dieses Hotel in Familienbesitz. Mit 138 Zimmern gehört es zu den größeren Adressen seiner Kategorie, was aber nichts an zuvorkommender, persönlicher Atmosphäre einbüßen lässt. Die „besten" Zimmer sind die historischen mit den Altwiener Stilmöbeln.

🏨 **207** [G6] **Pension Nossek** €€, Graben 17, Tel. 01 5337041, www.pension-nossek.at. Geradezu heimelig ist die einzige Unterkunft am Graben mit ihren 31 Zimmern, den herrlichen Stuckdecken und den alten, knarrenden Parkettböden. Die Pension erstreckt sich von der zweiten Etage (Rezeption) über drei Stockwerke nach oben (Lift vorhanden) und brüstet sich damit, dass hier Wolfgang Amadeus Mozart zwischen 1781 und 1782 lebte. TV auf Anfrage.

Hostels und Jugendherbergen

🏨 **208** [E6] **Believe It Or Not Hostel** €, Myrthengasse 10/14, Tel. 01 5264658, www.believe-it-or-not-vienna.at. Gute Lage im 7. Bezirk, unweit des Spittelbergs und etwa 15 Min. zu Fuß in die Innere Stadt. Es gibt 4-Bett- oder 8-Bett-Zimmer (ab 13 €), einen Aufenthaltsraum, TV und WLAN-Internetzugang.

🏨 **209** Hostel Hütteldorf €, Schlossberggasse 8, Tel. 01 8771501, www.hostel.at. Das Hostel Hütteldorf in Hietzing (13. Bezirk) liegt inmitten einer weitläufigen Parkanlage, in der Nähe des Schlosses Schönbrunn. Es gibt Einzel- bis Mehrbettzimmer in mehreren Ausführungen, die sich preislich ab 13 € bewegen.

🏨 **210** [C7] **Hotel Hostel Do Step In** €, Felberstraße 20, Tel. 01 9823314, www.dostepinn.at. Angenehme Adresse im 15. Bezirk – Westbahnhofnähe – wahlweise mit Hotelzimmer (ab 39 €) oder Platz im Mehrbettzimmer (ab 14,50 €).

🏨 **211** [D8] **Westend City Hostel** €, Fügergasse 3, Tel. 01 5976729, www.westendhostel.at. Im 6. Bezirk, unweit der Mariahilfer Straße gelegene Herberge mit verschiedensten Zimmer- (von 1-Bett bis 12-Bett) und Preiskategorien (ab 16,90 €), Aufenthaltsraum mit Sat-TV, Chill-out-Lounge mit kostenpflichtigem Internetzugang, Wasch- und Trockenmaschinen.

066wi Abb.: mw

VERKEHRSMITTEL

ÖFFENTLICHER NAHVERKEHR

067 wi Abb.: dk

Wien verfügt über eines der weitläufigsten und **bestorganisiertesten Nahverkehrsnetze Europas.** Praktisch jeden Ort der Stadt erreicht man mit den „Öffentlichen" und selten hat man mehr als 500 m bis zur nächsten Station oder Haltestelle zu gehen!

Es gibt fünf U-Bahn-Linien sowie zahlreiche Bus- und Straßenbahnlinien, die allesamt von den **Wiener Linien** betrieben werden. Der Großraum Wien heißt nahverkehrstechnisch **Verkehrsverbund Ost-Region** (kurz VOR), der wiederum in verschiedene Zonen unterteilt ist, wobei das Stadtgebiet als Zone 100 zusammengefasst wird. Ein Ticket innerhalb dieser Zone kann für alle öffentlichen Verkehrsmittel verwendet werden und erlaubt auch das Umsteigen. Die **Fahrkarten** können vor Fahrtantritt an Automaten, in Tabaktrafiken (Zeitschriften- und Zigarettengeschäft) oder an offiziellen Vorverkaufsstellen gekauft werden. Eine Einzelfahrt kostet dabei 1,80 € – in Bussen oder Straßenbahnen erworben 2,20 €. Neben den einfachen Tickets gibt es 24- (5,70 €), 48- (10 €) oder 72-Stunden- (13,60 €) Karten, die 8-Tage-Klimakarte – auch „Umweltticket" genannt (28,80 €) – sowie die 72 Stunden gültige **Vienna Card** (18,50 €, s. S. 108).

Das **U-Bahn-Netz** ist ausgesprochen verständlich und übersichtlich gestaltet und die meisten Sehenswürdigkeiten außerhalb der Inneren Stadt können problemlos unterirdisch erreicht werden. Die U-Bahnen verkehren täglich von 5 bis 0.30 Uhr.

Zahlreiche **Straßenbahnlinien** – in Wien spricht man von der *Tram* oder der *Bim* – verbinden viele Ziele jenseits des Gürtels mit Orten entlang der Ringstraße. Die Straßenbahnen fahren täglich zwischen 5 Uhr und Mitternacht.

Auch gibt es zahlreiche **Buslinien,** von denen aber nur wenige für Touristen praktisch sind. Höchstens die **Nachtbuslinien** – täglich zwischen 0.45 bis 5 Uhr morgens – sind für Nachtschwärmer möglicherweise von Interesse.

❯ www.wienerlinien.at

Nicht zum Verbund der Wiener Linien gehören allerdings der **City Airport Train** (CAT) und die diversen Flughafenbusse (s. S. 105). Fahrkarten für diese müssen folglich gesondert gekauft werden, obwohl die Vienna Card auch in manchen Flughafenbussen einen Preisnachlass beinhaltet.

▶ *Wiener Taxis erkennt man an dem Taxischild auf dem Autodach*

◀ *„Bitte sich festzuhalten!" – unterwegs in Wiens Straßenbahnen*

TAXIS UND FAXIS

Wien verfügt über **mehrere Taxiunternehmen.** Die Grundgebühr beträgt tagsüber 2,50 €, nachts und am Wochenende 2,60 €, steigt danach entsprechend der gefahrenen Strecke. Wichtige Telefonnummern von Taxiunternehmen sind:

> Tel. 01 31300
> Tel. 01 40100
> Tel. 01 60160

Es gibt auch ausgesprochene Flughafentaxis wie z. B. den C&K-Airport-Service (Tel. 01 44444).

In der Inneren Stadt gibt es außerdem noch die sog. **Faxis** (Fahrradtaxis). In den für zwei Fahrgäste konzipierten Gefährten kostet der Kilometer pauschal 2,50 €.

> Tel. 0699 12005624, www.faxi.at

WETTER UND REISEZEIT

In Wien herrscht **mitteleuropäisches Kontinentalklima.** Die **durchschnittliche Tagestemperatur** liegt im Januar bei etwa 0 °C, im April bei etwa 12 °C, im Juli bei über 20 °C und im Oktober bei 10 °C. **Nebel** und länger anhaltende **Regenperioden** sind selten und wenn, dann am ehesten im Spätherbst anzutreffen. **Schnee** gibt es immer seltener und wenn, nur in wenigen Fällen dauerhaft.

Eine Reise nach Wien lohnt sich also **das ganze Jahr über.** Es kommt natürlich dabei auf die persönlichen Prioritäten an. Möchte man das grüne Wien genießen, sind die Monate ab Mai bis September prädestiniert, stehen Museen, Konzerte, Theater und/oder Shopping im Mittelpunkt, dann ist die Jahreszeit weitgehend gleichgültig.

ANHANG

REGISTER

CITYATLAS

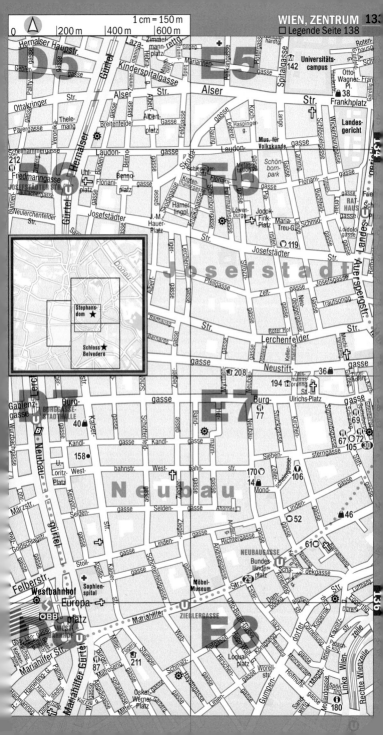

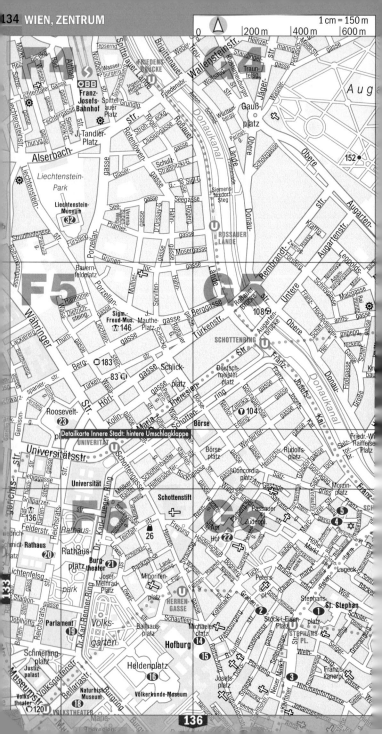

1 cm = 150 m

Donau

Stephans-dom ★

Schloss ★
Belvedere

Wiener Sängerknaben

nbahnhof
stbahnhof

Nordbahn-

Reichsbr...
Ebergasse
Schweidl...
Marnelli-
Trunnerstr.
Tabor
Gabels-bergerg.
sing
str.

Rabbinger ...
Krakauer Str.
Ernst-Melchior-G.
Am den Kollerwiesen
Leop.-Moses-G.
Joseph-Roth-G.

Volkert-
Volkert-
platz
Darwingasse
Pretter-g.
Konrad-g.
Heine-
Kleine
Darwin
Venedier ...

Wiener Sängerknaben

Matzgasse
Kleine Pfarrgasse
A.-Poch-Pl.
Große Pfarrgasse
Haid-
gasse
mm-
mgasse

Große
Stadtgut-
Novara-
Blumauer-
TABORSTR.
Odeong.
Rotenstern-
Harner-
Glockeng.
Tandelmarktgasse
Karme-
Karmeliterg.
literg-
platz
J.-N.-
Schmelz-
Gott-Pl.
Lassing-
leithnerpl.
Schrott-
giederg.
Praterstr.
Kleine Sperlg.
Komödiang.
Nestroy-
NESTROY-
platz
PLATZ
Czernin-
g.

Venediger Au

PRATERSTERN
ÖBB
Praterstern
Praterstern

Aus-
stellungsstr.
Riesenrad-
pl.
G.-Steiner-Weg
Osw.-
Thomas-
Pl.
143 110
Volks-
prater
allee
variumstr.
Stadionallee

181

Franzensbrückenstr.

Hedwig-
Hofen-
 federg.
Lichtenauer-
gasse

Czernin-
platz
Fürtho-
gasse

Donau-

Aspern-
brückeng.
Papst-
Ferdi-
Untere
Donaukanal
schiff-
Dampf-

Aspern-
brücke

Schüttel-

Franzens-
brücke

VED.PLATZ
Josefs-Kai-platz
Schweden-
platz
Untere
Josefs-
Kai
Wesingerstr.
G.-
Coch-
Pl.
Regierungs-
gebäude
Rosenbursenstr.

Uraina
171
Jul.-
Uraniastr.
Radetzky-
Radetzky-
platz
str.
Finanz-
landes-
direktion

Kurz-
bauerg.

Weißgerber-

Untere Weißgerber-

Untere

Kriegleng.

St.Othmar

107

Kolonitz-
platz

Hetz-

Wunder-
wasser-
haus
R.-v.-
Alt-Pl.
Marxer-

gasse

25

24

26

Postg.
Dominik.
Falkestr.
Stubenbastei
Dr.-Karl-Lueber-Pl.
Weis-
kirchnerstr.
Oskar-
Kokoschka-
Platz
73
STUBENTOR
Marxer-
Landstr.
Wien Mitte
LANDSTR.
WIEN MITTE
Vordere Zollamtsstr.
Zollamts-
str.
Hintere Zollamts-
gasse
Invaldenstr.
Haupstr.

Stadtpark

6 7 8

137

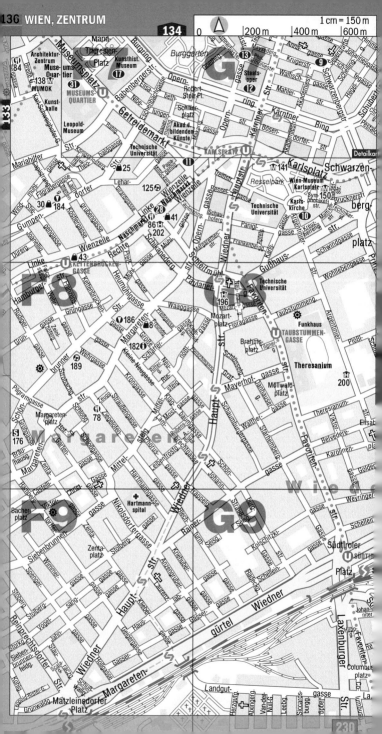

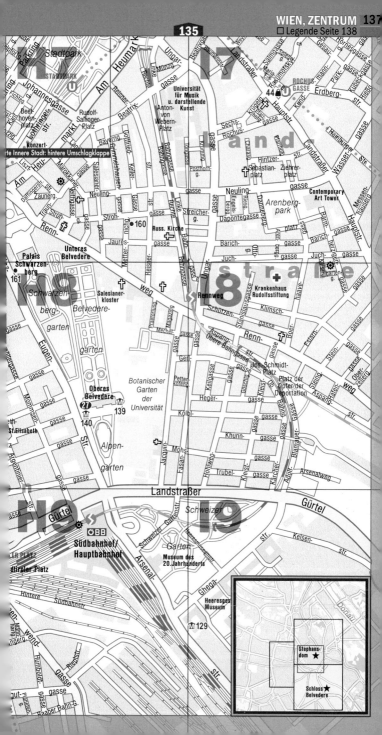

LEGENDE DER KARTENEINTRÄGE

Hier nicht aufgeführte Nummern liegen außerhalb der abgebildeten Karten. Ihre Lage kann aber wie bei allen im Buch vorkommenden Ortsmarken mithilfe des Internet-Kartenservice Google Maps™ lokalisiert werden (s. Umschlagklappe).
Die GPS-Daten aller im Buch beschriebenen Örtlichkeiten stehen außerdem auf der Produktseite dieses CityTrip-Titels unter www.reise-know-how.de zum kostenlosen Download im universellen gpx-Austauschformat bereit.

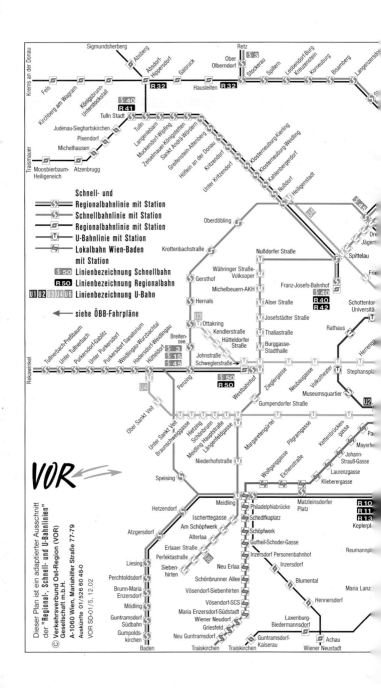

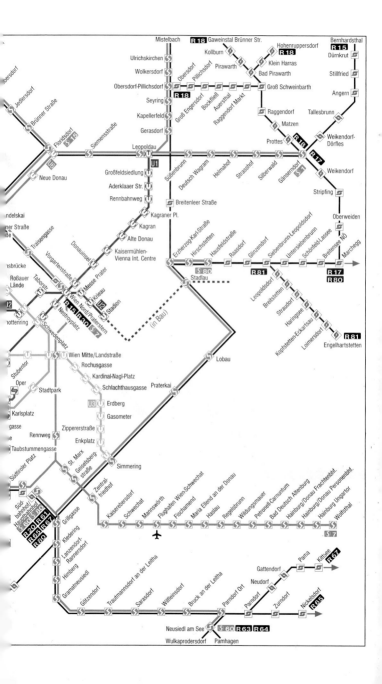

ZEICHENERKLÄRUNG

❶	Hauptsehenswürdigkeit, fortlaufend nummeriert	🅿	Parkplatz
[L6]	Verweis auf Planquadrat im Cityatlas	☎	Pension, Bed and Breakfast
✚	Arzt, Apotheke, Krankenhaus	⌕ ☼	Polizei
ÖBB	Bahnhof	⊠ ☛	Postamt
❶	Bar, Klub	ⓘ	Restaurant
🗐	Bibliothek	❺	S-Bahn-Station
❍	Biergarten, Kneipe	★	Sehenswürdigkeit
❍	Café, Eiscafé	🆂	Sporteinrichtung
Å	Denkmal	✡	Synagoge
🎦	Galerie	○ 🎭	Theater
◼	Geschäft, Kaufhaus, Markt	ⓤ	U-Bahn-Station
❷	Heuriger, Weinlokal		
🏨	Hotel, Unterkunft		
❶ •	Imbiss		
❶	Informationsstelle		
@	Internetcafé		
🛏	Jugendherberge, Hostel		
✟	Kirche		
⤺	Lokalbahn Wien – Baden		
🏛	Museum		
❻	Musikszene, Disco		

BEWERTUNG DER SEHENSWÜRDIGKEITEN

★ ★ ★	auf keinen Fall verpassen
★ ★	besonders sehenswert
★	Sehenswürdigkeit für speziell interessierte Besucher